무지개 시키신 분!

# 무지개 시키신 분!

초판 1쇄 발행  2025. 3. 21.

**지은이**  하율
**펴낸이**  김병호
**펴낸곳**  주식회사 바른북스

**편집진행**  박하연
**디자인**  이강선

**등록**  2019년 4월 3일 제2019-000040호
**주소**  서울시 성동구 연무장5길 9-16, 301호 (성수동2가, 블루스톤타워)
**대표전화**  070-7857-9719 | **경영지원**  02-3409-9719 | **팩스**  070-7610-9820

•바른북스는 여러분의 다양한 아이디어와 원고 투고를 설레는 마음으로 기다리고 있습니다.
**이메일**  barunbooks21@naver.com | **원고투고**  barunbooks21@naver.com
**홈페이지**  www.barunbooks.com | **공식 블로그**  blog.naver.com/barunbooks7
**공식 포스트**  post.naver.com/barunbooks7 | **페이스북**  facebook.com/barunbooks7

ⓒ 하율, 2025
ISBN 979-11-7263-979-2 03810

•파본이나 잘못된 책은 구입하신 곳에서 교환해드립니다.
•이 책은 저작권법에 따라 보호를 받는 저작물이므로 무단전재 및 복제를 금지하며,
이 책 내용의 전부 및 일부를 이용하려면 반드시 저작권자와 도서출판 바른북스의 서면동의를 받아야 합니다.

# 무지개 시키신 분!

저자 하율

당신의 무지개는
현재 새벽 배송 중에 있습니다.

마약 사고의 피해자로 모든 걸 잃었지만,
끝내 다시 일어선 이야기

바른북스

제 이야기 속 등장하는 모든 이름은
가명임을 알려드립니다.

/ 작가의 말 /

안녕하세요.

많은 책 가운데 제 책을 골라 이렇게 첫 장을 열어주셔서 감사합니다. 얼굴도 이름도 알리지 않은 것은 여러분들이 제 책에 편견 없이 다가와 주셨으면 해서였어요. 저는 초보 중의 왕초보 작가라서 글을 쓴다는 것이 제게는 조금 민망한 일이기도 했어요. 그럼에도 글을 써야겠다고 마음먹게 된 것은 6개월 전이에요. 힘들어하는 제게 아버지께서 글을 써 보는 것이 어떻겠냐고 물으셨고 곧장 저는 그날부터 한 장, 한 장 글을 써 내려가기 시작했어요. 그렇게 세 달이 지났을 무렵 완성된 제 글이 너무나 마음에 들지 않더군요. 온갖 원망과 분노와 화로 가득 찬 제 글이 슬픔을 넘어 독기로 가득 차 있었으니까요. 그때의 책은 제가 읽기에도 거북했는데 과연 누가 이 책을 마음 편히 읽을 것인가라는 생각에 글을 다시 쓰기로 마음먹었어요. 그렇게 저는 온통 아픔과 고통으로 가득 차 있던 제 마음을 비우고 누가 읽어도 하루 끝에 마음 편히 읽을 수 있고 공감할 수 있고 울고 싶을 땐 울고 웃고 싶을 땐 웃을 수 있는 그런 이야기를 써 내려가기 시작했어요. 그리고 이렇게 여러분이 첫 장을 펼칠 수 있는 날이 왔지요. 다시 한번 제 책을 선택해 주셔서 감사합니다.

저는 마약에 노출된 적이 있어요. 이상하죠? 보통 마약을 했으면 저는 마약을 했던 적이 있습니다 하면 되는데 마약에 노출되었다고 말하니 마치 제가 자의적으로 마약을 한 것이 아니라는 말처럼 들리시죠? 네 맞아요. 저는 단언컨대 제 의지로 제 호기심으로 마약을 한 적이 단 한 번도 없어요. 그런 제가 마약에 노출되었다는 것은 '사고'였습니다. 정말 제게는 교통사고 같은 사고였습니다. 심지어 저는 병원에 실려 가는 순간까지도 제가 무엇 때문에 그리되었는지 알 길이 없었어요. 제가 구입한 적도 소지한 적도 없는 마약으로 인해 저는 죽을 뻔하였고 그 사고는 저를 헤어 나올 수 없는 원망과 분노로만 가득 찬 사람으로 만들어 버렸답니다.

그런 제가 어느 날부턴가 마음을 비우기 시작하고 세상을 달리 보기 시작했어요. 저를 돌보고 제 주변을 챙기고 그렇게 저는 치유되기 시작했답니다. 그러자 책 제목도 자꾸만 마음에 들지 않더군요. 저를 안타깝고 동정 어린 시선으로 봐주길 바라는 마음에서 쓴 제목인 것이 너무나 티가 났고 그런 제목은 미숙하고 어려 보일 뿐 아무 감동도 줄 수 없음을 알아버렸거든요. 그 마음을 지우고 저의 모든 것을 있는 그대로 드러낼 수 있도록 제목을 다시 지었어요. 처음에는 저의 상처와 아픔을 대변하는 단어들을 나열해 보고 그것만이 저의 전부가 아닌 것 같아 그다음에는 사고를 나타내는 어휘들을 써보다가 그마저도 부족한 것 같아 모든 생각을 지웠어요. 그리고 나는 어떤 사람인지를 생각했죠. 그러자 제 머릿속에 무지개가 떠올랐어요. 친구들이 저를 보면 무지개를 닮았다고들 하였거든요. 늘 만화책에서 튀어나온 것 같은 어투와 제스처로 주변 친구들을 웃겨주는 저이기에 그런 말을 종종 들었어요. 그런 성격 덕에 누군가는 저를 본인의 기둥이라고도 하고 등대라고도 하고 나무라고도 하더군요. 어느 날 친한 친구가 저를 보며 웃고 하루 고민을 털어내고 울기도 하며 개운해하는 모습을 보고 있는데 문득 친구들뿐만이 아니라 이 책을 읽을 다른 분들에게도 그런 무지개가 되고 싶다는 생각이 들었어요. 그렇게 나온 제목인 만큼 이 이야기 끝에서 여러분이 개운해지고 마음 한편이 따스해짐을 느끼실 수 있으면 좋겠어요.

프롤로그

꿈속에서는 모든 것이 완벽해 보였다. 그토록 갈망했던 삶이 내 손에 쥐어진 것 같았다. 내가 원했던 모든 것들이 너무나 자연스럽게 이루어져 있었고, 내 꿈은 언제든 손에 닿을 수 있을 것처럼 현실이 되어 있었다. 고통 없이, 상처 없이, 하루하루가 행복으로 가득 찬 채 나 자신에게 몰두하는 모습을 보니 눈물이 났다. 너무 좋아서. 나는 자꾸만 그 자리에 머물고 싶었다. 너무 오랜만에 마주한 온전한 내 모습을 놓치고 싶지 않았다. 가장 행복하고, 상처 하나 없었던 그 시절의 내가 눈앞에 있는 것 같아, 그때의 나를 더 붙잡고 싶었다. 사실은 전부 다 내가 만들어 낸 허상인 것을 알면서도, 그 순간만큼은 그저 모른 척하며 그곳에 머물고 싶었다. 나로서 서 있던 그 모습이 너무나 아름다워, 눈을 뜨고 싶지 않았다. 조금만 더,

조금만 더 간직하고 싶었다.

　하지만 그 꿈에서 어서 나와야 했다. 그곳의 나는 진짜 내가 아니었으니까. 진짜 나를 찾기 위해서는 꿈에서 깨어나 현실로 돌아와야만 했다. 비록 그 현실 속에서 나는 망망대해를 홀로 떠도는 배처럼 방황하고 있었을지라도, 그것 또한 나의 일부임을 인정하고 일어나야 했다. 무너져 버린 나의 세상을 받아들이고 그대로 마주하는 것은 너무나 고통스러웠다. 모든 것이 산산이 부서져 나가며, 내가 아닌 것처럼 느껴지는 이 현실 속에서 다시 일어선다는 것이 불가능해 보였지만, 나는 어떻게든 일어나야만 했다. 그래야만 진정한 나로서 다시 일어설 수 있을 테니까. 그게 내가 원하는 것이니까. 그럼에도 불구하고, 또다시 꿈속으로 도망치고 싶었던 순간들이 수없이 많았다. 고비 하나를 넘기면 끝이 아니라, 또 다른 고비가 나를 기다리고 있었다. 그 순간순간, 내 안에서 무너지지 않으려고 무던히도 애썼지만, 그 고통이 너무나 커서 때로는 벗어날 방법이 보이지 않았다. 그러나 포기할 수 없었다. 다시 일어설 수밖에 없었다. 그 고비들을 넘기며 조금씩, 아주 조금씩 나아가기 위해 일어났고 또 일어났다. 나를 잃지 않게 위해, 진짜 나로서 살아가기 위해.

"생리통 약인데 생리통이 심할 때 먹는 거야. 자, 여기!"
"이건 외국에서만 살 수 있는 향수야. 자, 맡아봐!"
"술 마실 때 이거랑 같이 마시면 정말 맛있어. 한번 먹어봐!"

위의 문장들에서 이상한 점이 있다면 무엇일까?
정답은 '이상한 점이 없다.'이다.
그렇다. 이상한 점이라고는 찾을 수 없는 이 세 문장들로 인해 나의 삶은 송두리째 바뀌었다.

5년.
내가 죽음의 문턱에서 기적처럼 살아나 평범한 일상으로 돌아오기까지 걸린 시간이다.

어디서부터 나의 이야기를 시작하면 좋을지 고민했다. 음… 그래. 내 인생에 있어 가장 행복했으면서도 가장 슬펐던 그날부터 시작하면 좋겠다.

목차

작가의 말
프롤로그

## 1장
# 조각난 진실이 배달 왔습니다

그날 마주한 독한 진실 017
믿음의 끝, 혼자 남다 027
나의 나라, 나의 고향, 나의 집 036

## 2장
# 끝나지 않는 파도가 배달 왔습니다

놓쳐버린 골든타임 047
갑자기 찾아온 불청객 053
부서져도 다시 밀려오는 파도처럼 062
약 봉투 위의 일곱 글자 070
깊이 밴 어둠 속 견뎌야 했던 우리 079

3장

## 희망을 삼킨 어둠이 배달 왔습니다

눈 감은 경고 089
다시 찾아온 통증 098
늘어난 알약, 길어진 시간 104
엎친 데 덮친 격으로 부작용까지 111

4장

## 치유의 손길이 배달 왔습니다

마음의 병도 병이다 119
찜질방보다 뜨거운 가족의 사랑 133
한복 자락에 감춘 아픔과 용기 140
나의 목소리가 들려 148
심리학, 내 마음의 열쇠가 되어 158

## 5장
# 잃어버린 무지개가 배달 왔습니다

다시, 두 알 169
사라진 희망의 끈 177
터널을 걷는 시간 186
가족의 품에서 193
무지개 시키신 분! 202

에필로그
감사의 말

1장

# 조각난 진실이 배달 왔습니다

# 그날 마주한
# 독한 진실

쨍그랑
'어떡해 언니가 아끼는 물건인데 이걸 깨뜨렸어 어떡하지.'

   그날은 유독 기분이 좋았다. 외국에서 생활한 지 2년, 그리고 한국으로 돌아가기까지 일주일밖에 남지 않은 그곳에서의 마지막 주말이었기 때문이다. 주말이 주는 여유로움과 그곳에서의 2년을 정리하며 곧 한국으로 돌아간다는 설렘이 함께 어우러져, 나는 너무나 들떠 있었다. 너무 들뜬 나머지, 그동안 소홀히 했던 대청소를 혼자서 시작했다. 평소에 손도 대지 않았던 선반까지 닦으며 정신없이 움직였다. 그러다 언니가 아끼던 작은 갈색 병을 깨뜨리고 말았다. 언니가 워낙 무서운 사람이라 덜컥 겁이 났다. 그때까진 몰랐다. 앞으로 나에게

닥칠 상황들에 비하면 그 겁은 아무것도 아니었다는 것을.

서둘러 엎질러진 액체를 닦고 깨진 병을 수습하려 했지만, 병에서 흘러나온 고약한 냄새에 도저히 손을 댈 수가 없었다. 그 냄새는 내가 난생처음 맡아보는 것이었고, 숨을 쉬는 것조차 어려웠다. 눈앞이 아찔하게 흐려지고 머리가 핑 돌면서 속이 메슥거리기 시작하더니, 결국 구토를 하게 되었다. 그날 먹은 것을 모두 토해낸 뒤, 이제라도 정리를 해야겠다는 생각이 들어 서둘러 수습을 시작했다. 너무 어지러워 장갑을 낄 새도 없이 맨손으로 액체를 닦아내고, 깨진 병 조각들을 모아 쓰레기통에 던졌다. 그 순간, 갑자기 온몸에 강한 어지러움이 몰려왔고, 눈앞이 더욱 흐려지며 귀가 먹먹해졌다. 다리가 풀려서 제대로 서 있을 수 없었고, 세상이 빙글빙글 돌아가는 것처럼 느껴졌다. 몸은 점점 무겁게 느껴졌고, 모든 것이 멀어지는 듯한 그 순간, 나는 그저 중심을 잃고 비틀거리며 쓰러질 것만 같았다.

이상했다. 오늘 혼자서 대청소를 했긴 했지만, 이렇게 힘들 만큼 무리를 했다는 생각은 전혀 들지 않았다. 도대체 왜 내 몸은 이렇게 힘든지 이해할 수가 없었다. 분명히 내가 한 일은 청소뿐이었고, 그것이 이렇게까지 큰 부담이 될 줄은 상상도 못 했다. 그런데 갑자기 온몸에 어지러움이 몰려오며, 더는 생각을 할 수 없을 정도로 멍해졌다. 몸이 휘청거리고, 거의 기어가듯이 겨우 침대로 향했다. 쓰러지듯이 침대에 몸을 던지고, 천장만 바라보았다. '시간이 지나면 괜찮아지겠지.'라고 생각하며 몸을 누였지만, 시간이 흐를수록 내 몸은 점점 더 마비되듯이 굳어갔다. 마치 내 몸이 내 의지와는 상관없이 멈춰가는 것 같았다. 상황이 심각해진 걸 직감한 나는 급히 한국에 있는 엄마에게 전화를 걸었다.

"엄마 나 몸이 이상해."
"무슨 일이야?"
"온몸에서 힘이 빠지고 목소리도 잘 안 나오고…."
핸드폰을 들 힘조차 없을 때쯤, 정신이 멍해지더니 더는 말을 잇기가 힘들어졌다. 그 순간, 엄마가 다그쳤다. 그 다그침에 정신을 조금 차리고, 간신히 상황을 설명했다.
"… 청소를… 선반을… 병을 깨뜨리고… 냄새가…."
"잠깐만 무슨 냄새가 난다고?"
"처음… 맡아보는… 아주 이상한 냄새…."
엄마는 그 즉시 깨뜨린 그 갈색 병의 이름을 말해달라 했다. 엄마의 긴박한 물음에 나는 침대에서 힘겹게 몸을 일으켜 깨진 병을 버렸던 쓰레기통을 뒤져서 그 병을 찾았다.

"RUSH."

"러… 쉬."

잠시 후 엄마가 떨리는 목소리로 말했다.
"그거… 마약이야."
"그게 무슨 소리야… 마약이라니….'"
"설아야, 그거 마약 맞아. 지금 인터넷에 검색해 보니까 신종마약이라고 나와. 그거 신종마약이래!!"
 엄마의 말에 나는 그럴 리가 없다며 무슨 소릴 하는 거냐며 다시 병을 자세히 확인했다.
"… Toxic …."
 뭐? Toxic?
 분명 그렇게 쓰여 있었다.
 깨알 같은 영어 글자들 가운데 굵은 글자로 된 Toxic이 보였다.
 그 위에는 해골 모양에 X 표시가 그려져 있었다.

 그럴 리가 없었다. 언니는 분명 그 병을 집으로 처음 가져온 날 내게 외국에서만 살 수 있는 특별하고 아주 비싼 향수라고 하였다. 언니는 늘 내 앞에서 아무렇지 않게 그 향수를 맡아댔었다. 나와 함께 밥을 먹는 자리에서도 같이 나란히 소파에 앉아 텔레비전을 볼 때에도 늘 그 향수를 내 앞에 꺼내놓고 맡아댔었다. 그런데 그게 향수가 아니라 마약이라니…. 믿고 싶지 않았다. 엄마가 분명 뭔가 잘못 알고 계신 거라고 다른 거랑 착각하신 거라고 믿고 싶었다.

그 순간 또다시 머리가 핑 돌더니 또 구토가 시작되었다.

화장실에서 나오자 악취가 온 방 안을 가득 채웠고, 나는 숨조차 제대로 쉬어지지 않는 것을 느꼈다. 상황이 심각하다는 걸 깨닫고, 엄마의 말에 따라 깨진 병을 아파트 밖 쓰레기 처리함에 버렸다. 그러고 나서 곧장 집 안의 창문을 모두 열고, 그대로 침대에 쓰러지듯 누웠다. 도대체 이게 다 어떻게 된 것이며 내가 들은 말들이 무슨 말들인지 혼란스러움을 느끼며, 나는 힘없이 천장을 바라보았다.

그렇게 나는 가만히 누워 있었다.
아니, 나는 죽어가고 있었다.

얼마나 시간이 흘렀을까. 오늘 내게 일어난 일들이 머릿속에서 하나도 정리되지 않은 채, 갑자기 지난 20여 년의 시간이 필름처럼 스쳐 지나갔다. 그 시간들이 하나씩, 하나씩 떠오를수록 가슴 깊은 곳에서 무엇인가 쿵 하고 내려앉는 듯했다. 왜인지 모르게 눈물이 흘렀다. 전에 누군가가 그랬다. 인생의 마지막 순간, 모든 것이 필름처럼 정리되어 가는 순간이 오면 그때가 끝이라고. 그 말이 스쳐 갈 때, 나는 그 말을 실감할 수밖에 없었다. 그토록 내가 온 마음과 열정을 다해 살아왔던 시간의 끝이 여기라는 것이 너무도 비참하고 슬펐다. 하지만 슬픔에 잠길 새도 없이 서서히 내 몸은 가라앉기 시작했다. 내가 죽음을 맞이하는 순간이 다가오는구나 싶었다. 눈앞이 어두워지고, 몸은 점점 더 무거워지며, 나는 그냥 모든 것을 놓아버릴 준비가 되어갔다. 세상이 나를 버린 것만 같은 깊은 절망 속에서 나는 조금씩 눈을 감으려 했다. 그때.

쾅, 쾅, 쾅
"설아야, 거기 있지? 있으면 어서 문 좀 열어봐. 설아야!!!"
숨조차 제대로 쉬어지지 않고, 눈을 뜨는 것조차 힘든데, 나에게 일어나서 문을 열라고 하니….
도저히 그럴 힘이 내겐 없는 것 같았다.
(핸드폰 벨 소리)
간신히 고개를 돌려 확인한 핸드폰 액정엔 '엄마'라고 쓰여 있었다.
힘겹게 손가락을 움직여 버튼을 클릭하자 엄마가 너무나 긴박하게 외쳤다.
"설아야, 제발 대장님 문 열어줘. 그러다 너 죽어!!!"
엄마의 외침에 남아 있는 정신을 붙잡고 움직이려 했지만,

도저히 다리가 내 마음대로 움직이지 않았다. 힘겹게 두 팔로 땅을 짚고, 발을 질질 끌며 간신히 문을 열었다. 그렇게 겨우 문을 열고 나서, 나는 그 자리에서 그대로 쓰러졌다.

"설아야, 정신 차려! 정신 차려야 해! 잠들면 안 돼! 눈 떠 설아야!!"
"잘래요…. 자고 싶어요…."

잠들려는 나를 대장님이 계속 흔들어 깨우셨다. 한 손으로 운전을 하시면서 다른 손으로 나를 계속 깨우셨다. 때문에 나는 정말 잠이 들고 싶었지만 그럴 수 없었다. 그때는 몰랐다. 나를 흔들어 깨우신 대장님의 손이 나를 살린 거란 걸.

얼마나 시간이 지났을까. 순식간에 병원에 도착했다. 도착하자마자 우리는 대기 중인 사람들을 모두 제치고, 가장 먼저 의사를 만나게 되었다. 대장님이 의사에게 말 몇 마디도 안 했는데, 상황이 급박하게 돌아가기 시작했다. 의사는 재빨리 내게 이것저것 물어보며 진찰을 시작했다. 진찰이 끝나자마자 의사는 즉시 내 팔을 걷어 올리고 주사를 놓았다. 그 후, 나는 수액을 맞으며 그대로 그 자리에서 잠이 들었다.

눈을 떠보니 모든 치료가 끝나 있는 직후였고 대장님이 나를 차로 집까지 데려다주시겠다 하셨다. 차를 타고 가는데 왜인지 계속 눈물이 났다. 그때 대장님께서 갑자기 노래 하나를 틀어주셨다. 익숙한 목소리였다.

"설아야, 네 목소리란다. 네가 성가대에서 노래 부를 때 몰래 녹음했었어. 너의 목소리로 부른 노래는 마치 하늘에서 내려온 천사가 있다면 이 노래를 부른 게 아닐까 싶을 정도의 노래야."

나는 하염없이 눈물만 흘렸다.

"설아야, 너의 목소리 덕분에 성당에 온 많은 한인들이 그동안의 삶의 애환을 녹여내며 마음을 편히 풀고 간단다. 너의 목소리가 얼마나 많은 사람들에게 위로가 되는지 몰라. 그 목소리를 듣기 위해 일찍 성당에 와서 너를 찾는 사람들도 많단다. 많은 이들을 위로한 너의 노래가, 너의 목소리가 너에게도 조금이나마 위로가 되기를 바란다. 오늘 정말 많은 일이 있었고, 혼란스러울 텐데, 이곳에서의 일은 모두 다 잊어버리렴. 마치 네가 이곳에 한 번도 온 적이 없었던 것처럼, 모두 다 잊고 살아가렴. 네가 잊을 수만 있다면, 나도 잊고 오늘 일도 잊어서라도 아무 일 없었듯이 살아가길 바란다. 그렇게 해줄 수 있겠니?"

나는 눈물이 멈추질 않았다. 여기서의 모든 걸 잊어야 살아갈 수 있을 만큼의 일을 내가 겪었다는 게 실감도 나지 않았고 내가 존경하는 대장님도 잊어야 한다는 게 내가 사랑하는 성당 사람들도 잊어야 한다는 게 그게 도저히 받아들여지지 않아 대답을 할 수가 없었다.

그렇게 나는 집에 도착할 때까지 하염없이 눈물만 흘렸다.

# 믿음의 끝, 혼자 남다

집으로 돌아왔을 때, 언니도 퇴근하고 집에 돌아와 있었다. 나는 그 병을 깨뜨려서 미안하다고 해야 할지, 아니면 대체 그 병이 무엇이냐고 따져야 할지, 무엇을 말해야 할지 전혀 모르겠었다. 이유는 알 수 없었지만, 이상하게 언니를 자극하면 안 될 것 같은 직감까지 들어 더 물어볼 수 없었다. 그런 언니를 보고 있는데 갑자기 언니가 평소보다 훨씬 더 무서운 사람으로 보였다. 그게 마약이 맞는다면, 대장님께서 방금 전 따로 조치를 취할 필요가 있다고 언니 이름을 물어보신 이유가 바로 그 때문이라면, 내 앞에 있는 언니는 내가 알던, 노어도 잘하고 일도 잘하는 멋진 언니가 아니라 마약을 하는 중범죄를 저지른, 내가 절대 곁에 두어선 안 되는 사람이 되어버렸기 때문이다.

언니와 함께 지낸 6개월 동안, 나는 언니가 향수라고 소개했던 그것을 맡는 모습을 수없이 많이 봐왔었다. 그런데 그 모습들이 사실은 모두 약을 사용하는 것일 수도 있다는 생각이 들었다. 지금 내가 떠올린 모든 것들이 사실이라면, 나는 정말 위험한 사람과 위험한 순간들을 함께 보내왔고, 지금도 여전히 그 상황에 처해 있다는 것이 아닐까. 그런 생각을 하니, 언니가 너무나 소름 끼치게 무서워졌고, 마주하기도 싫었다. 언니와 한 공간에 있다는 사실만으로도 두려움이 밀려왔다. 너무 두려워서 언니와 눈이 마주쳤을 때, 나는 그대로 얼어버린 것 같다. 그 순간, 언니는 선반 위에 있던 갈색 병을 찾으며 물었고, 나는 다른 대답을 생각할 수 없어서 실수로 그 병을 깨뜨렸다고 말해버렸다.

그 순간 언니는 얼굴이 사색이 되었고 한동안 아무 말을 하지 않았다.

그 표정을 보니 그 약이 어떤 약인지 묻지 않아도 될 것 같았다. 나는 더 이상 언니를 마주할 힘이 없어 그런 언니를 뒤로하고 방으로 들어가 버렸다.

내가 힘없이 침대에 쓰러져 천장만 바라보다 잠이 들려던 그때.

띠리릭

언니는 집을 나갔다.

월요일이 되었지만 언니는 집에 돌아오지 않았고 나도 언니를 찾지 않았다.

그 일이 있은 후, 첫 출근을 하는데 너무 긴장이 되었다. 내게 무슨 일이 생겼음을 그리고 그것이 마약일지도 모르는 것과 연관되어 있음을 누군가 알아버리게 될까 봐 무서웠다. 그래서 힘듦을 티 내지 않으려 정말 애를 썼다. 여전히 어지럽고 온몸에 힘이 없었지만 나는 내색할 수 없었다. 그렇게 오전 근무까지는 잘 버텼는데 점심을 먹고 난 후 긴장이 조금 풀렸던 건지 갑자기 두통이 심하게 느껴지고 오한이 느껴지는 등 미칠 것 같았다. 온 세상이 빙빙 돌더니 환청이 들리는 것 같았고 식은땀이 나더니 심장 소리가 너무나 크게 쿵쾅, 쿵쾅거렸다. 그 순간 그 모습을 들키면 안 될 것 같아 곧바로 화장실로 향했다. 화장실 문을 잠그자마자 나는 변기 옆으로 쓰러지듯이 기댔고 진정이 될 때까지 1시간이 넘도록 그 자세로 그대로 있었다.

문제는 1시간이 넘도록 자리를 비운 나를 다른 사람들이 찾기 시작하면서 나타났다. 모두가 전화도 받질 않고 메시지에도 답이 없는 나를 애타게 찾았다. 나를 찾는 소리가 화장실에서도 들렸지만 나는 몸을 일으킬 수가 없었다. 그러다 잠시 후, 화장실에서 변기 옆에 기대앉아 있는 나를 아이샤가 발견하고 데리고 나왔다. 다행히 그때쯤 상태가 괜찮아졌고 나는 생리통으로 둘러댔다.

그런 나를 향해 평소 총을 들고 다니는 게 취미인 상사는 갑자기 내 이마를 향해 총을 겨눴다.
"어쭈 안 쪼네? 너 이 총에 실탄 없는 것 같지?"
그 순간 그 상사는 내게 총알이 장전되어 있음을 보여주었고 난 정말이지 미쳐버릴 것만 같았다. 왜 내 하루가 이런지 한탄할 여유도 없었다. 난 오히려 이를 꽉 악물고 더 아무렇지 않은 척했다.
"왜 쏘시게요?"
사실 그런 마음도 있었다. 너무나 괴롭고 힘든 지금 차라리 저 총알 하나에 이 고통이 사라지는 것도 나쁘지 않겠다고. 나는 쏠 테면 쏴보라는 식으로 매섭게 노려봤다.
그 순간.
"장난, 장난."

힘겹게 퇴근을 하고 집으로 돌아오면 나는 그날 먹은 것을 다 토해내야 했다. 먹은 음식을 원형 그대로 토해냈었다. 마치 어떤 음식도 씹어진 적이 없었던 것처럼. 놀랄 여력도 없이 침대로 돌아가 지쳐 쓰러지듯이 잠이 들기를 며칠을 반복하던 어느 날, 여느 때처럼 시청 근처 호텔 행사장에서 근무를 하고 있는데 갑자기 사람들이 분주히 움직이며 짐을 챙기기 시작했다.

"What happened?"

"Демонстрация!!!"

평소 근무 중에 영어로 대화를 나누던 아이샤에게 여느 때처럼 영어로 물었지만, 그녀는 평소와 달리 너무 급하게 자신의 모국어인 노어로 답을 했다. 평소 느긋한 성격을 가진 그녀답지 않게 급하게 자신의 모국어를 꺼내는 모습을 보고, 나는 상황이 좋지 않다는 직감을 느꼈다. 그녀를 진정시키고 다시 무슨 일이 일어난 것인지 물어보자, 그녀는 온몸을 떨며 떨리는 목소리로 영어로 다시 설명해 주었다.

이건 또 무슨 일인가. 바로 옆 시청에서 대학생 두 명이 총에 맞아 죽었다는 것이다. 세상에 시위가 일어났다는 것이다. 시위라는 건 역사책으로만 배운 게 다인데 내가 지금 그 시위 한복판에 놓여 있다고 생각하니 너무 무서워졌다. 그 순간 소장님도 당장 짐을 싸고 다들 행사장을 떠나라고 하였고 다급히 짐을 챙겨 아이샤와 함께 차에 몸을 실었다. 그녀는 운전을 하는 내내 계속 떨었다. 하지만 그렇게 그녀를 비롯한 모두가 두려움에 떨던 그 순간에도 나는 시위라는 단어가 주는 무서움보다 집에 혼자 남겨지게 되는 무서움이 더 컸다. 그녀가 나를 아파트 앞에 내려주었을 때 사실은 그때부터 더 무서워지기 시작했던 것 같다.

역시나 언니는 아직도 집에 돌아오지 않았다. 거리에는 사람들이 사라졌고 무서운 확성기 소리로만 가득 찼다. 인터넷도 되지 않았고 TV에는 시위와는 상관없는 평화로운 프로그램들만 틀어지고 있었다. 나 혼자 집에 남겨져 있는데, 마치 세상의 끝이 다가오는 것처럼 느껴졌다. 거실 바닥에 주저앉아, 아무런 힘 없이 소리 내어 울었다. 먼 나라에 혼자 와서 겪은 일들이 머릿속에서 얽히고 엉켜, 도저히 정리가 되지 않았다. 이유도 없이, 그저 울지 않으면 이 모든 감정을 견딜 수 없을 것 같았다. 눈물이 흐를 때마다 머리가 깨질 듯한 고통이 몰려왔지만, 나는 그 아픔을 무시하고 계속해서 울었다. 시간은 흐르고, 하늘은 점점 더 붉어지며 노을이 지는데, 나는 그저 하염없이 그 하늘을 바라보며 울었다. 울음 속에서, 그 누구도 내 슬픔을 이해하지 못할 것 같은 고독과 절망이 터져 나왔다..

얼마나 지났을까. 침대에 누워 있는데 현관문 열리는 소리가 들렸다. 언니가 돌아왔다. 하지만 언니를 반길 힘도 반기고 싶은 마음도 없었다. 사실 그때 내가 할 수 있는 건 침대에 누워 천장만 멍하니 바라보며 숨을 간신히 쉬어내는 것뿐이었다. 살아 있는 시체. 그게 그때의 나였다.

딸깍

방문이 살짝 열렸고 눈이 마주쳤다.

도둑이 망보듯이 나를 보고 있는 언니와 눈이 마주쳤다. 그 순간 언니는 눈이 동그랗게 커지면서 놀라더니 곧바로 집을 또 나갔다. 순간 나는 또 눈물이 흘렀다. 아마 그때 내게 조금의 힘이 남아 있었더라면 나는 외쳤을 거다. 살려달라고.

나는 체념했다. 언니는 나를 버렸다고.

언니가 나 몰래 나와 함께 사는 방으로 가져온 그 뭔지 모를 위험한 병으로 인해 내가 이렇게 되었다. 그런데 정작 언니는 아무 해명도, 변명도 없이 나를 버리고 도망갔다. 아파서 힘든 것보다, 내가 믿고 의지했던 언니에게서 받은 배신감이 더 큰 고통으로 다가왔다. 그동안 언니를 존경하고, 멋지게 봐왔던 나였기에, 나를 그렇게 내버려두고 도망친 언니에 대한 배신감은 이루 말할 수 없었다. 마약일지도 모르는 그 약을 향수라고 거짓말하며, 내가 살고 있는 집에 들여왔다는 사실만으로도 그동안 언니에게 가졌던 신뢰와 믿음은 깊은 배신감으로 변해버렸다. 언니는 언제나 당당했고, 무엇이든 잘 해내며, 노어도 능숙하게 구사해 어디서든 자랑스러운 존재였다. 나에게는 언니가 인생의 멘토이자, 내가 꿈꾸는 모습이기도 했다. 그런데 그 언니가 사실은 마약쟁이었고, 결국 나를 이렇게 만든 후, 아무 말 없이 떠났다는 사실에 가슴이 찢어질 만큼 원망스러웠다. 하지만 내가 할 수 있는 것은 없었다. 그저 눈물 속에서 그 상처를 삼킬 수밖에 없었다. 모든 게 무너져 내리고, 나는 그저 우는 것밖에 할 수 있는 게 없었다.

나의 나라,
나의 고향,
나의 집

그날, 그 난리가 있던 날, 정작 나를 버리고 집을 나갔던 언니가 갑자기 나를 공항까지 배웅해 주겠다며 다시 집으로 찾아왔다. 언니를 다시 보니, 마치 경기를 일으킬 것 같은 불안감이 밀려왔다. 너무 무섭고, 너무 싫었다. 아직 아무런 해명도 없이, 아무 일 없었다는 듯 태연하게 나를 배웅하겠다는 언니의 모습이 치가 떨리게 무서웠다. 나는 정말 혼자서 공항으로 가고 싶었지만, 아파트 앞에 차를 대기시켜 놓고는 나만 기다리겠다는 언니의 말이 협박처럼 들려 거절할 수 없었다. 결국, 나는 순순히 언니의 말을 따를 수밖에 없었다.

  짐을 실으려고 차 문을 열었을 때, 차 안에는 민주가 있었다. 그 순간, 정말 토할 것 같았다. 민주는 자기 입으로도 한국에서 마약을 했다고 말했던 그런 사람이었기 때문이다. 평소에도 같이 지내고 싶지 않았던 민주를, 왜 하필 한국으로 떠나려는 날 굳이 데리고 온 것인지 전혀 이해할 수 없었고, 그저 소름이 끼쳤다. 어쩌면 나를 향한 협박일 수도 있겠다는 생각이 들었다. 언니가 맡던 향수는 민주도 집에 놀러 올 때마다 자주 찾았고, 두 사람은 함께 마약을 즐겼던 것으로 보였다. 그들이 마약을 하는 것을 내가 알고 있다는 사실을 알게 된 이후, 언니는 내게 겁을 주려는 것 같았다.

공항으로 가는 차 안은 정말 조용했다. 언니와 민주와 함께 있는 그 순간, 나는 계속해서 불안하고 초조한 마음을 떨칠 수 없었다. 혹시나 그들이 나에게 무슨 나쁜 짓이라도 할까 봐, 마음속에서 계속해서 불안한 생각들이 떠올랐다. 숨을 쉴 때마다 내 숨소리가 너무 크게 들리는 것 같았다. 그 긴장된 공기 속에서, 나는 한순간도 긴장의 끈을 놓지 않으려 온 정신을 집중하며 마음을 다잡았다.

다행히 차는 공항까지 무사히 도착했고, 게이트 앞에서 마지막 작별 인사를 하려던 찰나, 언니가 갑자기 나에게 말했다.

"넌 이 나라로 다시 돌아오게 될 거야."

그 말을 듣자 나는 온몸에 소름이 돋으며 언니가 더 무서워졌다. 다시는 그 나라로 돌아가고 싶지 않았고, 대장님이 말씀하신 대로 모든 것을 잊고 지내고 싶었는데, 언니는 내가 다시 돌아올 거라고 확신하듯 말하는 것 같았다. 그 말이 너무나 소름 끼치게 무서웠다. 그 순간, 나는 속으로 외치고 싶었다. 그 약은 대체 뭐냐? 왜 그런 걸 내가 살고 있는 내 집에 들여왔냐? 그 때문에 내가 죽을 뻔했다고. 언니에게 증오 가득한 마음으로 노려보고 싶었지만, 이성적으로 생각해 보니 언니를 자극하는 것이 결코 내게 도움이 되지 않을 것 같았다. 그래서 아무렇지 않은 척 인사를 건네며 나는 바로 몸을 돌렸다. 대체 왜 그런 말을 남겼는지, 그 이유도 묻고 싶지도, 알고 싶지도 않았다. 그저 이 나라를 떠나고 싶은 마음만이 가득했다.

여전히 몸이 좋지 않았다. 온몸이 떨렸고 머리가 어지러웠다. 곧장이라도 쓰러질 것 같았지만 꾹 참았다. 집으로 돌아갈 때까지 끝난 게 아니기 때문에 나는 버텨야 했다. 아직 내게는 비행기를 타고 이동하여 한국 땅을 밟기까지 긴 여정이 남아 있었고 그 시간들 속에서 남들 눈에 띄지 않을 만큼만 아파해야 할 것 같은 그런 압박감이 있었다. 출국 심사대를 통과해 비행기 입구로 향하기까지 긴장을 놓지 못하다가 내 시야에서 언니가 완전히 사라지고 나서야 나는 안도의 한숨을 내쉬었다.

뚝, 뚝

눈물이 흘렀다.

드디어 이 나라를 탈출한다는 생각에 눈물이 자꾸만 흘러나왔다.

한국행 비행기에 몸을 실어 좌석에 앉고 나서야 나는 비로소 긴장의 끈을 내려놓을 수 있었다.
드디어 떠난다. 드디어 이곳을 뜬다.
잠시 후 비행기가 이륙했다.
너무나 기뻤다.
하지만 그곳을 떠났다는 기쁨도 잠시 나는 서서히 불안해지기 시작했다. 마음이 놓이자 이제야 그 열흘간 내가 무슨 일을 겪었는지 그리고 내가 얼마나 아픈지가 실감이 되었기 때문이다. 실감이 나니 불안해졌다. 내가 노출된 게 마약이 맞는다면 난 현재 마약에 중독된 상태가 아니겠는가. 그러니까 내가 조금만 이상행동을 보여 의심을 사면 내 인생은 끝일 수도 있겠구나 하는 생각과 함께 나는 그 어떤 아픔도 느끼지 않는 사람처럼 있으려 했다. 그러다 보니 기내 안에서도 계속 긴장할 수밖에 없게 되었다. 어느 순간 그런 내가 너무 비참하게 느껴졌다. 그때부터 나는 한국으로 비행기가 착륙할 때까지 울고 또 울었다. 숨죽여 가면서. 혹시나 누군가에게 그게 이상한 사람으로 비칠까 봐.

돌아왔다.

죽어가던 순간, 나는 간절히 기도했다. 죽더라도 남의 나라 땅에서 혼자 쓸쓸히 죽고 싶지 않다고. 그 고통 속에서, 죽음이 다가오더라도, 최소한 한국에서 마지막을 보내고 싶다고. 내 몸은 이미 한계에 다다르고, 숨조차 제대로 쉬지 못할 때, 그 생각만은 간절하게 마음속에 남아 있었다. 죽음을 맞이할 수 있다면, 그 마지막 순간만큼은 내 나라, 내 땅에서 마주하고 싶다는 생각뿐이었다. 그렇게 기도하며, 죽음의 문턱에서 살아남았다. 그리고 드디어, 무사히 한국으로 돌아왔다.

나의 나라, 나의 고향, 나의 집.
한국 땅을 밟자마자 들었던 생각이다.
이런 말은 옛날 사람들이나 쓰는 말이라 생각했는데 정작 내가 쓰고 있었다. 내가 한국에 무사히 돌아왔다는 것이 실감이 나지 않았었나 보다. 정말로 실감이 났던 건 나의 집 그리고 나의 가족을 보고 나서였던 것 같다.

엄마는 아무 말 없이 나를 꽉 안아주셨고, 그 품에서 나는 모든 고통과 피로가 사라지는 것 같은 기분이 들었다. 아빠는 눈가가 촉촉해져 있었고, 그 표정을 보니 그동안 얼마나 걱정했을지 느껴졌다. 동생들은 농담 섞인 어투로, "우리 누나 고생 많이 한 얼굴이네."라고 웃으며 말해주었다. 그 말에 내가 얼마나 힘든 시간을 보냈는지, 그동안 나를 걱정하며 기다려 왔던 가족의 마음이 고스란히 전달되는 것 같았다. 그 순간, 나는 비로소 내가 안전해졌음을, 이곳에서 가족과 함께 있다는 것만으로도 더 이상 두렵지 않다는 것을 깊이 느꼈다. 그동안의 외로움과 고통 속에서 내게 가장 큰 위로는 바로 가족의 품이었다.

"온몸이 굳었어."
엄마가 걱정하며 말했다.
그 병이 엄마가 말한 대로 마약이 맞는다면, 공항에서 잡히는 건 아닐지 혹시나 내가 이상해 보여 누군가 나를 신고하지는 않았을지 비행기에서 내내 떠느라 온몸이 굳어버렸나 보다.
"이젠 안전해. 걱정하지 않아도 돼."
아빠의 말에 이제는 그 누구도 나를 해할 수가 없다는 안도감에 그간 무거웠던 마음을 내려놓게 되었다. 그날은 정말 오랜만에 푹 잤던 것 같다.

혹시 몰라 병원에서 위내시경을 찍어보았지만 아무 이상이 없다는 말에 우리 가족은 안도하였고 나도 더는 별문제가 없으리라 생각했다.

그렇게 방학 내내 집에서 쉬며 나는 대장님 말씀대로 다 잊었다.

아니, 다 잊은 듯 지냈다는 말이 더 맞는 것 같다.

## 2장

# 끝나지 않는 파도가 배달 왔습니다

## 놓쳐버린 골든타임

개강을 하고 문제가 생기기 시작했다. 집에 혼자 있을 때는 보이지 않았던 문제들이 사람들과 어울리기 시작하면서 보이기 시작한 것이다.
"너는 외국에서 살다 왔다면서 왜 이렇게 발음이 안 좋아?"
"너 외국에서 공부하고 온 거 맞아? 왜 아는 게 없어?"
"지금이 웃을 때가 아닌데 왜 이렇게 웃어?"
사람들은 저마다 각각의 이유로 내게 문제를 제기했다.

"너 내가 아는 설아가 아닌 것 같아."
친했던 친구가 꺼낸 말을 들었을 때 그제야 나도 무언가 이상함을 직감했다.
그날부터 밤이 되면 이상하게 눈물이 나고, 몸이 떨리기 시작했다. 그 뒤로 가끔 잠을 자는 것이 어려워졌고, 기분이 들쑥날쑥해지기도 했다. 그래도 생활에 큰 지장은 없었기에 그러려니 하며 넘겼다. 어쩌면 그때부터 나의 아픔이 시작되었을지도 모른다. 어쩌면 내가 무사히 돌아왔다는 것은 나의 착각이었을지도 모른다. 하지만 그때의 나는 아무것도 몰랐고 모두 넘겨버리는 것이 일상이었다. 살아 돌아온 것에 너무 기뻐서 나의 몸과 마음이 어찌 되어가는지 전혀 눈치채지 못했다.

"… A потом… a… потом…."
'왜 이렇게 단어가 생각이 안 나지?'
수업 시간 교수님의 질문에 답을 하려고 하는데 늘 하던 말이 생각이 나질 않았다. 교수님이 괜찮으니 천천히 답해보라고 말씀하셔도 도저히 단어가 생각나지 않아 대충 얼버무리며 답을 마쳤다. 그 이후로도 교수님의 질문에 나는 "네."밖에 답을 할 수 없었다. 더 이상 수업에 집중이 되질 않았고 답답해서 미칠 것 같았다. 그런 나의 모습이 내 옆에 앉아 있던 친구에게도 이상했던 모양이다.

"너 아까 왜 그렇게 답을 못 해? 너무 이상해 보였어. 설마 교수님 질문이 이해가 되지 않는 거 아냐?"
"아니 오늘따라 집중이 잘 안되서 그런 거야. 컨디션이 안 좋아서 그런가 봐."

외국까지 가서 일까지 하고 왔는데 그 쉬운 말들조차 이해가 안 되었다고 하면 안 될 것 같아 친구 앞에선 컨디션 난조로 둘러말해 버리고 자리를 떴다.

그날 집으로 돌아와 곰곰이 생각해 보았다.
맞다.
교수님의 질문이 이해가 되지 않았다.
아니, 교수님의 질문이 들리지 않았다는 표현이 더 정확하겠다.
분명 교수님의 질문들은 외국에서 늘 듣던 말들이었고 대답하려던 말도 늘 하던 말이었는데 왜 그 자리에선 잘 들리지도 않고 말도 잘 나오지 않았던 걸까….
하지만 나는 더 깊이 생각하고 싶지 않아 컨디션 난조였을 뿐이라고 믿고 그쯤에서 생각을 정리하기로 했다.

며칠 후.
"… 논문을 작성할 때는 먼저 서론부터…."
교수님이 말씀하시는 내용들이 귀에 잘 안 들어왔다. 어려운 내용도 외국어로 된 내용도 전혀 아니었다. 그냥 편하게 들으면 되는 너무나 쉬운 내용이었는데도 불구하고 수업을 들는 것이 어렵게 느껴졌다.

아… 왜 이렇게 집중이 안되지….

교수님이 말씀하시는 데 집중이 안되고 자꾸만 귀가 먹먹해지는 것 같았다.

"다영아, 나 요새 집중이 잘 안돼. 나 왜 이러지?"
"엄마, 나 바보가 된 것 같아. 왜 이럴까?"

그때마다 모두들 내가 외국에서 너무 고생하다가 한국으로 돌아와서 긴장이 풀려서 그런 것 같다고 하였다. 그들의 말이 맞는다고 믿는 게 나도 속이 편해 나는 또 깊이 생각하는 것을 포기해 버렸다.

그쯤부터였다. 그쯤부터 나는 사람들의 말에 집중을 잘하지 못하게 되었고 사람들의 말이 잘 들리지 않기 시작했고 말도 잘 나오지 않기 시작했다. 마치 언어장애가 온 사람처럼 말이다. 아마 그때가 외국에서 돌아온 지 6개월쯤 되었을 무렵일 것이다. 그 뒤로도 그런 증세는 계속되었고 점점 심해졌다. 처음에는 노어 수업에서만 느꼈던 문제가 점차 한국어로 진행되는 일반 수업에서도 느껴지기 시작했다. 어쩌면 그때가 나의 병을 고칠 수 있는 골든타임이었을 지도 모른다. 나는 그때도 별 이상 없겠지 하며 컨디션이 안 좋아 그러겠지 하며 대수롭지 않게 넘겨버렸다. 나는 그렇게 골든타임을 놓쳤다.

# 갑자기 찾아온 불청객

"졸업 축하해~!"

그 뒤로도 나는 여느 사람과 다름없이 생활했다. 연애도 시작하고 졸업도 하며 취준을 시작하게 되었다. 그간의 문제들은 뒤로 한 채 하루는 남자친구와 데이트를 하며 사랑에 빠져도 보고 하루는 친구들과 미래에 대해 고민하며 그 시기 누구나 갖는 평범한 하루하루들을 보내고 있었다. 그때는 몰랐다. 그 평범한 하루를 다시 갖기까지 얼마나 오랜 시간이 걸릴지….

그날도 남자친구와 여느 때처럼 도서관에서 같이 공부를 하고 있었다. 그런데 그날따라 자꾸만 허리가 아파서 오래 앉아 있지를 못할 것 같았다. 나는 계속해서 자리를 뜨고 다시 돌아오기를 반복했고 남자친구까지 알아차릴 때가 되어서야 통증을 호소했다.

"나 허리가 너무 아파서 더 이상 앉아 있지를 못하겠어."

남자친구의 걱정에 나는 짐을 싸서 집으로 돌아왔다. 다행히 집으로 돌아와서 쉬고 나니 괜찮아지길래 별일 아니구나 했다. 그렇게 나는 근처 카페에서 다시 공부를 시작했다. 하지만 2시간 정도 지나자 갑자기 또 허리 통증이 느껴졌고 나는 다시 집으로 돌아와야 했다. 이번에도 집으로 돌아와서 쉬고 나니 괜찮아졌다. 나는 요새 공부한다고 운동을 안 해서 그런 거구나 생각했다.

문제는 그런 일이 계속해서 반복되었다는 것이다. 허리 통증으로 늘 공부를 시작한 지 얼마 안 되어서 중단하기 일쑤였다.

그러던 어느 날.

도서관에 도착하여 자리를 잡고 가방에서 책을 꺼내 자리에 앉은 지 10분도 안 되었는데 갑자기 극심한 허리 통증이 몰려왔다. 도저히 앉아 있을 수가 없어 나는 그 길로 다시 짐을 싸고 집으로 돌아와야 했다.

더 이상은 안 되겠다 싶어 병원을 찾아갔다.

"어떤 이상도 보이지 않습니다."

내가 병원에서 들은 말은 내가 겪는 통증에 비해 내게는 아무런 문제가 없다는 것이었다. 마치 나는 꾀병을 부리는 사람이 된 것 같아 억울했지만 어떡하겠나. 아무 문제가 없다는데….

그 뒤로 통증은 계속되더니 점점 심해졌다. 처음에는 허리에서 시작했던 통증이 점차 다른 부위로 확대되기 시작했다. 하루는 팔이 너무 아파 책상까지 팔을 뻗는 것조차도 힘들었고 하루는 다리가 너무 아파서 오래 걸을 수조차 없었다. 또 하루는 등이 너무 아파 잠을 자는 것조차 어려웠다. 그렇게 부위별로 돌아가며 통증은 점점 심해지기 시작했다. 하지만 병원에 가보아도 소용이 없었다. 어떤 병원을 가보아도 아무 이상이 없다고 했기 때문이다. 그때부터 나는 진통제를 달고 살기 시작했다.

더 큰 문제는 나는 취준생이라는 것이었다. 하루 종일 공부를 해가며 목표를 향해 달려야 하는 중요한 시기에 나는 통증과 싸우느라 공부에 집중하기가 어려워진 것이다. 고작 하루 3시간이 내가 최대로 집중력을 끌어올려 공부할 수 있는 최선이었다.

"정신 차려! 정신 차려! 이깟 통증쯤 아무것도 아냐. 별 이상 없다잖아. 시험이 코앞이야. 정신 차려!"

나는 그렇게 내게 외치며 이깟 통증쯤으로 넘기고 싶었다. 그때는 참을 수 있는 정도의 통증이었기에 잠시 이러다 말겠지 했던 것 같다. 그때의 통증은 앞으로 내가 겪을 통증에 비하면 빙산의 일각에 불과하다는 것을 그때의 나는 몰랐다.

시간이 지날수록 허리 통증이 너무 심해져서 도서관이나 카페 등 밖에서 공부를 하는 것이 아예 불가능해졌다. 이 밖에도 앉아서 노트북으로 동영상을 시청하고 식탁에 앉아 밥을 먹는 것 등 앉아서 하는 모든 것들이 어려워졌다. 그렇게 나의 통증은 일상생활에 많은 지장을 줬다.

하지만 그럴수록 나는 나를 채찍질해 가며 그렇게 통증과의 싸움에서 이기고자 했다. 고작 몇 시간 공부한 것으로 하루 종일 공부하는 친구들을 이길 수는 없다는 것을 알면서도 포기할 수가 없어 어떻게든 이를 악물며 이겨내려 했다. 그러나 하루에 먹을 수 있는 최대치의 진통제를 먹어도 효과가 없었고 잠을 자고 나도 통증은 가라앉을 생각을 안 했다.

간신히 허리 통증에 어느 정도 적응이 되면 또 다른 통증이 나타났다. 갑자기 고개를 움직이는 게 어려워졌다. 뒷목에서 발생한 통증으로 인해 고개를 드는 것도 숙이는 것도 옆으로 돌리는 것도 모두 어려워진 것이다. 고개를 숙일 수가 없게 되자 책을 보는 것이 어려워졌다. 공부를 하려면 고개를 숙여 책을 보는 것이 기본인데 이 기본조차 할 수가 없게 된 것이다.

또 하루는 턱이 빠진 것처럼 아파서 밥을 씹을 수도 없게 되었고 또 하루는 목 넘김을 잊어버린 사람처럼 물을 마시는 것마저도 어려워졌다. 먹는 것만 어려워진 것이 아니었다. 잠을 자려고 하면 자꾸만 어디선가 각종 이상한 잡음들이 들려오기 시작해서 도저히 잠이 들 수가 없었다. 그렇게 불면증을 달고 살기 시작하면서 한번은 3일 내내 잠들지 못했던 적도 있었다.

하지만 이 중에서도 가장 큰 문제는 두통이었다. 에어컨 바람을 조금만 쐬어도 정수리 부분이 너무나 아파서 토가 나올 지경이었다. 움직일 때마다 머리가 울리는 것 같아 또 토가 나오려고 했다. 그렇다고 가만히 있는 것은 괜찮았는가. 아니었다. 가만히 있는 것이 가장 아팠다. 아무것도 하지 않고 누워 있는데 처음엔 머리 여기저기가 콕콕 찌르듯이 아프고 뒷부분이 지끈거리더니 전두엽 부분이 깨질 듯이 아프고 편두통이 온 것처럼 미친 듯이 아팠다. 신체의 다른 부위들은 돌아가면서 아팠다면 두통은 정말 한 번에 하루 종일 내내 나타났다.

여기에 또 다른 문제까지 나타났다. 아플 때마다 병원을 찾았지만 원인을 찾을 수 없었다. 병원을 가도 알 수 없는 원인

모를 통증들이 계속되자 취업을 제대로 할 수 있을까 하는 걱정이 들기 시작했고 사람들을 만나는 것도 두려워지면서 점점 고립되기 시작했다. 그러다 보니 매일이 우울해졌다. 몸의 병이 마음의 병으로까지 옮겨가게 된 것이다.

  하지만 나는 그런 상황 속에서도 공부를 강행했다. 몸이 너무 아파서 더 이상 공부를 이어가는 것이 어려웠지만 도저히 포기할 수가 없어 이를 악물어 가며 통증을 참아보려 했고 그마저도 어려워지면 목 놓아 울어가며 그렇게 어렵게, 어렵게 공부를 계속해 나갔다.

  통증이 너무 심하니 앉아 있는 것도 책을 보는 것도 어려웠고 때문에 순수 공부 시간이 하루 2시간도 안 되는 날이 대부분이었다. 머리보단 노력으로 승부를 보는 사람이라 남들보다 더 해야 하는데 그러기는커녕 남들만큼도 못하고 있었다. 아니 남들과 비교도 할 수 없는 공부 시간으로 나는 승부를 봐야 했다. 당연히 합격을 기대하기란 내게는 사치였고 보는 시험마다 번번이 떨어졌다. 그래도 포기할 수 없어 나는 될 때까지 해보자는 심정으로 계속 도전했다.

  그렇게 시간이 흘러 나는 다행히 원했던 모든 자격증을 취득하게 되었다. 그런데 생각보다 기쁘지 않았다. 아니 기뻐할 여력이 없었던 것 같다. 돌아가지 않는 머리와 부족한 시간으로 승부를 보려 하니 토익 시험만 20번, 컴활 시험만 10번, 한국사 시험만 5번을 봤다. 정말 징글징글하게 시험을 봤다. 더이상 힘이 나지 않는데 쥐어짜내 가며 했기에 그랬을까. 자격증을 다 땄어도 아무 감정이 들지 않았다. 나는 아마 지쳐버렸던 것 같았다. 그래도 시험이 끝났다는 생각에 잠시 한숨을 돌리고자 했다.

하지만 그건 끝이 아니었다. 오히려 그때부터가 진짜 시작이었다. 자격증을 땄다고 회사에 붙는 것이 아니었으니까. 그 당시 나는 각종 무역 관련 공기업들에 지원해 볼 생각이었고 그러기 위해선 다시 준비를 시작해야 했다.

하….

한숨이 절로 나왔다. 도저히 낼 힘이 없는데 이제 시작이라고 생각하니 숨이 막혀왔다. 쥐어짜낸 게 저건데 더 이상 짜낼 힘 같은 건 내게 없는데 회사 사이트 채용 공고에 나온 일정을 보니 일정표가 한 화면을 꽉 채우고 있었다. 숨이 안 쉬어지는 것 같았다. 그래도 어쩌겠나. 포기할 수는 없는데. 나는 다시 마음을 다잡고 자소서를 써 내려가기 시작했다. 그때부터 정신이 없어지기 시작했다. 자소서를 쓰다 다른 회사 필기시험을 준비하다 또 다른 회사 면접을 준비하다 그렇게 정신없이 하루하루를 보냈다. 정말 죽을 것 같았다. 내 몸은 이미 망가질 대로 다 망가져 버렸는데 더 이상 짜낼 힘도 없는데 나는 죽기 살기로 하고 있었다. 그렇게 나는 나를 혹사시켰고 내 몸은 고장 날 대로 고장 나버렸다.

부서져도
다시 밀려오는
파도처럼

통증은 점점 더 심해졌다. 이전에는 하나씩 나타나던 증상들이 이제는 동시에 여러 가지가 겹쳐서 나타나기 시작했다. 잠을 제대로 잘 수 없었고, 식사도 제대로 할 수 없었다. 화장실조차 제대로 갈 수 없는 상황에까지 이르렀을 때, 나는 더 이상 이 상태로는 계속 생활할 수 없다는 것을 깨달았다. 결국, 그동안 해왔던 공부를 잠시 중단하고 취업 준비도 잠깐 접기로 결심했다. 당장 치료가 시급했기 때문이다. 나는 본가로 내려가서 치료에 전념해야겠다고 느꼈다.

물론 공부를 중단하려는 결정을 내리는 과정이 결코 쉽지 않았다. 나는 가고자 하는 회사가 명확했고, 그곳에서의 미래에 대한 열정이 너무 컸기 때문에 공부를 잠시 놓는다는 것이 그 어떤 결정보다도 어려웠다. 더군다나 하반기 공채가 코앞에 다가온 상황에서 취업 준비를 잠시 멈추는 것은 나에게 큰 결단이었고, 불안감도 컸다. 내가 취득한 자격증 중 일부는 유효기간이 있는 것들이어서, 이렇게 갑자기 쉬는 것이 나에게는 큰 페널티가 될 수 있었다. 그럼에도 불구하고 나는 결단을 내려야 했다. 더 이상 이 상태로 버티다가는 회복이 불가능할 것 같다는 직감이 들었기 때문이다.

아직도 기억이 난다. 2021년 여름이.

"다영아 나 포기하기로 했어…. 그 회사 가는 거…."
"설아야 괜찮아?"
"나 너한테 가고 싶어. 바다도 보고 싶고… 지금 혼자 있기 너무 힘들어."
"기다리고 있을 테니까 어서 와."

(파도 소리)
"설아야!!"
저기서 다영이가 내게 손을 흔들며 나를 향해 달려오고 있었다.
주르륵
눈물이 흘러내리기 시작했다.

나는 그런 다영이를 보다 다시 내 발 앞에 놓인 바다를 보았다.

파도가 보였다.

부서지듯 빠져나갔다가, 다시 거세지며 밀려왔다.

"설아야, 괜찮아? 무슨 일이 있었던 거야…"

잠옷 차림에 초췌한 얼굴로 힘없이 웃고 있는 나를 다영이는 안쓰러워하며 걱정했다.

그렇게 다영이와 함께 밤 바닷가를 걷다, 나는 멈춰 섰다.

갑자기 또 눈물이 났다.

"설아야, 왜 그래 괜찮아?"

"있잖아… 저 파도가… 꼭 나 같아….."

"응…? 왜…?"

"그냥… 어떻게든 안간힘을 쓰는 게 꼭 나 같아….."

파도가 거세졌다가 부서졌다가 다시 거세지며 밀려오는 모습을 보고 있자니, 그 파도가 마치 내 모습처럼 느껴졌다. 끝없이 부서져 가면서도 다시 일어나려는 그 모습을 보며, 나는 알면서도 포기할 수 없는 내 모습을 떠올렸다. 그게 안 되는 걸 알면서도, 멈출 수 없다는 사실이 너무 처절하게 다가왔다. 나는 이미 수없이 쓰러졌고, 그 끝없이 밀려오는 고통에 부딪

히며, 다시 일어나기를 반복해 왔다. 마치 파도가 부서지면서도 다시 밀려오는 것처럼, 나는 계속해서 그 고통 속으로 뛰어들며, 무엇을 위해 이렇게 계속 싸우고 있는지 모른 채 버텼다. 결국 그 반복 속에서 나도 내가 더 이상 일어설 수 없는 상태라는 걸 알면서도, 그저 계속 밀려오는 파도를 바라보며, 그 안에서 죽어가는 듯한 나를 느낄 뿐이었다.

나는 그렇게 바다를 보면서 다영이 옆에서 한참을 울었다.

외국에서 돌아온 지 2년, 통증이 시작된 지 1년.
나는 집으로 돌아왔다.

"집에서 요양한다고 생각하고 당분간 치료에만 전념하자."
집으로 돌아온 내게 부모님은 이렇게 말씀하셨다.

목표를 향해 도전해 왔던 나의 찬란했던 하루하루들을 서울 방에 두고 온 나는 그 말이 잘 들리지 않았다. 마치 그 방에서 아직도 무언가가 간절히 나를 기다리고 있는 것 같아 너무나 불안했다. 지금 내가 있을 곳이 이곳이 아닌 것 같다는 생각에 미칠 것 같았다.
그렇게 하루가 지나고 잠에서 깨어났을 때, 나는 깨달았다.

'아… 이곳이 앞으로 내가 있을 곳이구나….'

나는 내 인생이 바닥까지 왔다는 생각이 들었다.

더 이상 떨어질 곳이라고는 없는 바닥…. 그게 지금의 내 위치임을 직감했다.

햇빛이 창가로 들어올 때쯤, 나는 무거운 몸을 힘겹게 일으켜 세수를 했다. 무표정한 얼굴로, 들어가지 않는 밥을 억지로 입에 밀어 넣으며 식사를 마친 후, 난 멍하니 의자에 앉아 한참 허공을 바라봤다. 그때, 내 안에서는 아무것도 느껴지지 않았다. 세상이 멈춘 듯, 내 삶의 의미를 잃어버린 채, 그저 공허하게 시간을 흘려보냈다. 그렇게 식사를 마치고, 다시 침대에 누워 하루 종일 눈물을 흘렸다. 그 눈물은 끝이 없었다. 하루하루가 반복될수록, 나는 점점 더 무기력해졌다. 어느 날은 개그 프로그램을 보며 울었고, 어느 날은 혼자 밥을 먹으며 울었고, 또 어느 날은 세수를 하다 울었다. 나에게는 더 이상 눈물이 쉴 틈을 주지 않았다. 그것이 나의 일상이었고, 매일이 그렇게 이어졌다.

친구들의 SNS에는 점점 졸업식, 졸업장, 학사모, 그리고 사원증 사진들이 가득 차기 시작했다. 나도 저들의 대열에 합류해야 하는데, 지금 이 상태로 여기서 이렇게 있을 때가 아닌

데 하는 생각에 마음이 타들어 가기 시작했다. 그런 마음을 잠재우기 위해 텔레비전을 켰다가 우연히 오디션 프로그램에서 치열하게 경쟁하는 모습을 보게 되었다. 그들은 울고 웃으며 경쟁하고 있었고, 그 모습이 너무나 찬란하게 빛나 보였다. 나도 그들처럼 빛나고 싶었다. 떨어져도 좋으니, 제대로 도전이라도 해보고 싶었다. 어느 날은 공부가 안되어 친구들과 술 한 잔하며 마음을 털어내고 싶었고, 또 어느 날은 원하던 곳의 서류 전형에 합격했다고 하며 미래에 대한 기대감을 품고 싶었고, 또 다른 날은 누구나 갖는 보통의 일상에 대해 실없는 푸념도 해보고 싶었다.

집에 왔다고 해서 달라지는 것은 없었다. 여전히 제자리걸음이었다. 어떤 병원을 가보아도 나의 병명을 찾지 못했다. 모두 이상 없다는 얘기뿐이었다. 어딘가에서라도 방법을 찾고자 하는 마음에 찾지 않은 곳이 없었다. 외과, 내과, 치과, 안과, 산부인과…. 각종 병원은 다 가보았다. 모두 이상이 없단다. 한의원에도 가보았더니 '자율신경계실조증'이라는 병명을 내려주셨지만 그에 대한 치료가 효과가 없었다. 양한방 병원에도 가보았더니 도수치료를 받자고 하셨다. 그날 몸이 아작이 나서 물도 삼키지 못하는 일이 일어나고 더 이상 찾아가지 않았다.

하는 수없이 우리 가족은 우리가 할 수 있는 일들을 찾기 시작했다. 나의 뒷목 통증과 허리 통증을 생각해서 목 디스크, 허리 디스크에 좋다고 하는 기구들은 다 샀다. 마사지를 받으면 좋을 것이라는 의사 선생님 말씀에 피부숍에서 마사지 회원권을 끊고 그것도 모자라 각종 마사지 기구는 다 샀던 것 같다. 부모님께선 두통 완화와 혈액순환에 좋다는 각종 음식은 다 사 먹이셨다. 엄마는 아침마다 내 온몸을 주물러 주셨고 새벽에도 내가 통증을 호소하면 주무시다가도 벌떡 일어나셔서 나의 통증을 함께 견디셨다. 하지만 그럼에도 통증은 점점 심해져만 갔고 먹고 토하는 것이 일상이 되어버렸다.

# 약 봉투 위의
# 일곱 글자

"아니 이거 놓으라니까."
"이러시면 곤란합니다. 자꾸 이러시면 서로 같이 가셔야 해요."
퍽, 퍽, 퍽
(호루라기 소리)
남자친구는 내게 정신과를 가보기를 제안하였고 내키지는 않았지만 다른 어떤 병원을 가도 답을 찾지 못하는 답답함이 더 컸기에 가보기로 하여 남자친구의 도움으로 알게 된 병원을 찾아갔다. 그런데 로비에서 엄마와 함께 진료를 기다리며 보게 된 광경은 여기가 병원인지 경찰서인지 구분이 안 될 만큼 어수선함 그 자체였다. 온몸에 문신을 한, 조폭처럼 생긴 환자 몇 명이 난동을 부리고 있었고 경찰 두 분이 오셔서 제지를 하고 있었다. 그마저도 원활히 해결이 되지 않아 경찰서로 연행된 것 같았다.

"엄마, 나 너무 무서워."

나는 덜덜 떨며 엄마 손을 꼭 잡았다.

잠시 후 내 차례가 되었고 선생님을 처음 마주하게 되었다.

"어후 선생님, 이런 난리 통에서 일하시느라 힘드시겠어요."

엄마의 말에 선생님은 답하셨다.

"모두 다 각자의 사연으로 아픈 사람들이에요. 괜찮습니다."

선생님의 말씀에 나는 책상 위에 놓인 선생님의 명패를 쳐다보았다.

"배 현 석 선생님"

배현석 선생님….

"환자분께서는 어디가 불편하신가요?"

"… 머리가… 뒷목이… 여기가… 저기가… 아파요…."

나는 선생님의 질문에 지금까지 아프고 불편했던 점들을 모두 쏟아내듯이 꺼냈다.

잠시 후 선생님이 다시 물으셨다.

"혹시 큰 충격을 받으신 적이 있으실까요?"

"없어요!"

나는 재빨리 대답했다.
"설아야…!"
엄마가 얘기해야 한다는 듯이 눈에 힘을 주고 내 손을 꽉 잡으셨다.

말하기 두려웠다.
외국에서 마약인지 아닌지 무엇인지 모르겠는 이상한 병을 깨뜨린 적이 있었는데 그때 죽을 뻔했음을 말해야 했다. 내게 있어 큰 충격이라면 바로 그것이니까. 하지만 그걸 입 밖으로 꺼내는 순간 나는 경찰로 연행될 것 같았다. 그게 마약이 맞는 다면 내가 한 말을 믿지 않고 나를 마약쟁이로 의심하면 어떡하지라는 생각이 나는 사실 그간 가장 두려웠기 때문이다. 수없이 얘기하고 싶으면서도 한 번도 꺼낼 수 없었던 그 말을 지금 처음 보는 선생님 앞에서 꺼내야 한다는 사실은 내게 아주 큰 용기를 필요로 했다.

모두 다 각자의 사연으로 아픈 사람들이에요.

순간 방금 전 선생님께서 하셨던 말씀이 떠올랐다.
그래 나의 이야기도 그런 눈으로 봐주실 거야.
"… 갈색 병… 악취가… 구토를…."

그렇게 나는 나의 이야기를 가족, 남자친구, 다영이가 아닌 처음 보는 사람에게 모두 다 털어놓았다.

잠시 후 선생님이 입을 여셨다.
외상 후 스트레스 장애
일명 PTSD
그게 바로 나의 병명이었다.

"그건… 전쟁을 겪은 군인들이 갖는… 그러니까… 죽음의 위기에 놓인 그런 사람들이 겪는 그런 거 아닌가요?"
그렇다. 나와는 별개의 병이라고 생각했다.
"환자분도 죽다 살아나셨잖아요. 환자분이 노출된 약은 신종마약으로 요즘 신종마약은 대마초보다 훨씬 그 위험성이 커서 대량으로 노출될 시 사망의 위험에 이를 수 있어요. 그때 성당 분이 구해주지 않으셨다면 침대에서 그대로 잠이 든 채 사망하실 수도 있었습니다."
선생님은 내 표정을 확인하시고는 다시 말씀을 이으셨다.
"환자분은 사고를 당하신 거예요. 전쟁이나 재난사고와 같은 죽음에 이를 수 있는 큰 사고를 겪으신 거예요. 아직 우리나라에서는 이런 마약 관련 약물사고와 같은 사례가 널리 알려져 있지 않기 때문에 그렇지 외국에서는 실제로 마약범을 잡으려다 마약범이 풀어놓은 마약에 노출되어 죽을 뻔한 경찰이 병원을 찾아가는 사례가 많답니다. 그러니 환자분은 PTSD가 맞습니다."

나는 너무 놀랐다. 선생님께서 그 병이 마약이 맞는다고 확신하신다는 점이 말이다. 나는 지금껏 그 약이 마약이 아니길 바랐기 때문이다. 엄마도 선생님도 마약이 맞는다고 하시지만 나만은 자꾸 부정했던 이유는 그게 마약이 맞는다면 내가 마약중독자라도 된 것 같은 기분이 드는데 그럼 너무 비참하고 수치심이 들었기 때문이다. 하지만 선생님이 보여주신 화면에는 RUSH가 신종마약으로 분류되는 마약이라고 명시되어 있었고 전문가의 말이었기에 이내 나는 인정할 수밖에 없게 되었다.

그래도 나는 내가 PTSD라는 사실만큼은 인정하고 싶지 않았다.
"하지만 선생님 저는 몸이 아파요. 여기 정신과는 마음이 아픈 사람들이 오는 곳이라고 들었는데 저는 마음이 아니라 몸이 아파요. 정말 몸 이곳저곳이 다 아파요. 그런 제가 PTSD라니요. 그건 마음이 아픈 사람들이 걸리는 거잖아요. 아무래도 그건 제 병명이 아닌 것 같아요."

"환자분의 반응은 당연한 거예요. 환자분 말씀대로 몸이 아프신 거 맞아요. 그러니 제 말이 납득되지 않으실 거예요. 하지만 정말 몸에 이상이 있는 게 맞는 거라면 다른 병원들에서 이미 문제가 있음을 말씀해 주셨겠죠. 그런데 어떤 병원을 가도 문제가 없다고 하셨죠. 그건 실제로 몸이 아픈 게 아님을 나타내는 거예요. 환자분이 아프다고 느끼시는 건 사실 실재하지 않는 아픔인 거죠. 그걸 저희 쪽에서는 신체화 증상이라고 하는데 마음의 병이 신체로까지 나타난 것을 말하는 겁니다. 환자분의 병명은 PTSD가 맞습니다."

그제야 선생님의 말씀이 모두 다 납득이 되었다. 나도 모르게 고개를 끄덕이고 있었다. 나는 사고를 겪었다. 죽다 살아났다. 그 상태로 더 방치되어 있었다간 정말 죽었을지도 모른다. 사실 알고 있었으면서도 인정하기가 싫어 애써 외면했던 모든 사실들에 나는 오늘 고개를 끄덕이고 말았다.

"그리고 환자분! 환자분은 잘못이 없어요. 그러니 경찰에게 끌려갈 일도 없어요. 그러니 걱정하지 마시고 이제부터 약 잘 드시면 됩니다."

나는 그 말에 사고가 나고 처음으로 안도했다. 그렇다. 나는 잘못이 없다. 나는 피해자이다.

하지만 곧바로 새로운 걱정이 들었다.

"얼마나… 먹어야 하나요?"

"사실 평생 먹는 것을 추천드려요. 환자분이 겪은 일이 워낙 컸기에 감히 언제까지라고 말씀드리기가 어렵습니다."

"그럼 아예 이 약을 끊을 수 없단 말씀이신가요?"

"정 끊으시고 싶다 하시면 우선 1년 정도 드셔보시고 그때 가서 다시 생각해 볼 수는 있습니다."

1년… 어쩌면 평생… 이라니…. 그 말이 너무 무겁게 들렸지만 그래도 이 약이 있다면 나을 수 있다는 생각에 우선은 안도했다.

안도는 했지만 약 봉투에 적힌 '정신건강의학과'라는 일곱 글자가 나를 무겁게 짓누르는 게 느껴졌다. 평소 그곳을 텔레비전에 나오는 사회에 물의를 일으키는 정신이상 환자들이 다니는 병원으로 생각했던 나였기에 선생님이 주시는 좋은 이미지에도 불구하고 내 삶이 무너지는 느낌마저 들었다.

"내가 어떻게… 아니… 왜… 이 약을 먹어…."

나는 울부짖었다.

그런 나를 엄마는 안아주었고 같이 우셨다.

엄마의 눈물에 나는 더 울부짖었다.

도저히 받아들여지지 않았다. 20여 년 인생 건실하고 반듯하게 살아온 내가 어쩌다 이 약을 먹어야만 살아갈 수 있는 처지가 되었는지 너무나 내 현실이 원통하고 화가 났다.
"난 이 약을 먹지 않을 거야!!!"
내가 외쳤고 엄마도 울면서 외치셨다.
"그럼 계속 그렇게 아픈 채 살 거야?"
그 말에 나는 그날 그 약을 먹을 수밖에 없었다. 높디높았던 나의 자존심을 나의 통증이 이겼다. 나는 나의 통증 앞에 무릎 꿇고 그렇게 그 약을 그냥 받아들였다.
그날 나는 내내 울었던 것 같다. 잠이 들 때까지 엄마는 내 옆에서 내 손을 잡아주셨고 나는 계속 울었다. 아마 엄마도 우셨을 것이다. 그렇게 끝나지 않을 것 같던 밤이 지나갔다.

깊이 밴 어둠 속
견뎌야 했던 우리

약을 먹기 시작했어도 여전히 우울한 기분은 나아질 기미가 보이지 않았다. 잠깐잠깐 옅은 미소를 띨 정도의 여유만 내게 허락되었다. 나는 늘 땅이 꺼져라 한숨을 쉬었고 이따금씩 눈물을 흘렸고 방 안의 창만 바라보면 자꾸만 안 좋은 생각을 하였다. 친구들의 소식을 들을 때마다 맘 놓고 축하를 해줄 수 없는 나 자신이 너무나 싫었다.

평생 약을 먹어야 한다는데….

그럼 완치가 어려울 수도 있단 얘긴데….

난 평생 부모님 밑에서 나이가 서른이 넘도록 제 나잇값도 못하며 살아야 한단 말인가 하는 생각에 밤잠을 설친 날도 많았다.

무엇보다 내 안에 화가 많았다. 나는 죽을 고비를 넘겼는데 보통 드라마나 영화에서는 그런 고비를 넘긴 주인공에게 그에 응당한 보상이 기다리지 않던가. 그런데 현실에서는 그런 보상 같은 것은 없었다. 오히려 더 위축되고 더 작아진 나 자신밖에 남은 게 없었다. 죽지 못해 산다는 말이 내게 딱 어울리는 말이었다. 나를 위해 헌신해 주시는 부모님을 봐서라도 내가 낫기를 기다리는 남자친구를 위해서라도 버텨야 하는 수밖에 없었다. 내가 견뎌야 하는 무게는 너무나 무거웠고 내 앞에 놓인 현실은 정말 냉혹했다. 가장 화가 났던 것은 이 모든 게 나의 잘못이 아니라 언니의 잘못에서 비롯되었다는 사실이었다. 언니는 그런 위험한 마약을 내가 같이 사는 내방이기도 한 곳에 나 몰래 들여왔다. 언니를 신고하고 싶었다. 하지만 무서웠다. 언니를 건들면 나도 무사하지 못할 것 같았다. 언니가 내게 어떠한 보복 행위를 할까 무서워 나만의 이야기로 꼭꼭 숨겨둘 수밖에 없었다.

  자꾸만 화가 나고 그렇게 생겨난 나의 분노는 점점 활활 타오르기만 했지 사그라들 줄 몰랐다.
  속에 분노가 가득 차 있어서였을까. 그 당시 나는 굉장히 예민하고 날카로웠다. 누군가 나의 사고를 회상하게끔 하는 말이나 행동을 하면 그 당시로 돌아가 큰 불안감에 휩싸여 정신을 못 차릴 정도였다. 내 아픈 곳을 누군가 모르고 건드리기만 하면 온몸에 가시를 세우곤 하였다. 그때의 나는 정리되지 않은 감정과 어수선한 마음으로 많이 힘들었나 보다.

하지만 나만큼이나 우리 부모님도 힘들었음을 그때의 나는 몰랐다.

나의 아빠는 굉장히 젠틀하시고 따뜻하시며 섬세하시다. 가족애가 넘치셔서 항상 가족이 먼저이신 분이시다. 가정적이시며 누가 봐도 착한 사람이시다. 그런 나의 아빠는 제대로 걷지도 먹지도 못하는 나를 보며 마음이 많이 아프셨을 것이다. 아빠는 자주 눈물을 보이셨다.
"내가 대신 아파주고 싶어."
아빠의 말에 나도 눈물이 났다.
밥만 먹으면 화장실로 달려가 토를 하는 내 등을 두드려 주시며 아빠도 같이 우셨다.
하루는 아빠가 내 기분을 달래주시겠다며 주말 드라이브를 제안하셨다. 함께 차를 타고 여기저기 돌아다니는 동안, 오디오에서 흘러나오는 노래 가사가 나를 닮은 것 같기도 하고, 아니면 차창 너머로 보이는 풍경이 너무나 아름다워서 시들어버린 내 모습과 너무도 다른 것 같아 눈물이 멈추지 않왔다. 그 눈물이 차창을 타고 흘러내리며, 내 마음속 깊은 곳에서 무언가가 터져 나오는 듯했다. 아빠는 그 모습을 보고 내 손을 조용히 잡아주셨다. 아마 아빠도 한참을 마음속으로 울고 계셨을 것이다. 내 손을 잡고, 아무 말 없이 그저 내 곁에 있어주시는 아빠의 따뜻한 손길에, 나는 다시 한번 눈물이 흐르고 말았다.

나의 엄마는 굉장히 강인하시고 당차시다. 어릴 적 엄마를 원더우먼이라 부를 만큼 엄마는 내게 참 대단한 분이시다. 집안의 각종 대소사를 항상 책임지시고 그 어떤 상황에서도 좀처럼 눈물을 보이시는 법이 없으시다. 하지만 나도 한성격 했기에 그런 강한 엄마와는 평소에도 종종 부딪히곤 하였다. 문제는 내가 아프고 나서부터 내게 예민함이 더해지면서 엄마와 부딪히는 날들이 더 많아졌단 것이다.
"나 너무 힘들어."
그 당시 엄마가 나와 부딪힐 때마다 하셨던 말이다.
"방금 전까진 웃다가 갑자기 우는 너를 이해하기가 힘들어. 어제까진 잘 걷던 애가 오늘은 갑자기 하루 종일 누워만 있는 게 보고 있으면 너무 답답해. 좀 전엔 고맙다 그랬으면서 갑자기 화를 내는 널 이해할 수가 없어."
그렇게 강하던 엄마가 힘들다며 한참을 우셨다.

나를 있는 그대로 받아들이시는 아빠와 달리 엄마는 나의 사고를 받아들이시는 데 많이 어려워하셨다. 평소 투닥거리긴 했어도 엄마와 친구처럼 지낼 만큼 엄마와의 관계가 너무 좋았기에 나의 사고도 곧잘 받아들이실 줄 알았다. 하지만 엄마는 아빠보다 더 힘들어하셨다. 아마 너무나 가까웠던 만큼 멀어져 버린 것만 같은 딸이 납득이 안 되셨던 것이다. 분명 총명하고 현명했던 딸이었는데 그런 딸은 사라지고 지금 엄마 눈앞에는 자기밖에 모르고 화로만 가득 차서 자기감정 하나 통제할 줄 모르는 웬 어린아이가 서 있어 보였을 것이다. 아마 처음 보는 사람처럼 너무나 낯설었을 거다.

그런 부모님을 보고 있으면 마음이 찢어졌다.
내가 가장 사랑하는 나의 부모님이 나로 인해 우시는데 가슴이 찢어지는 것 같았다. 항상 웃음꽃이 피었던 우리 집이 나로 인해 엉망진창이 된 것만 같아 한없이 죄송스러웠다. 하지만 그런 내 마음을 표현하기엔 내 안에 화, 분노, 억울함이라는 감정들이 뒤섞여 있어 그럴 여유가 없었다.
"조금만 기다려 줘."
그때마다 내가 할 수 있는 최선의 말이었다.
아빠는 속상함에 눈물을 보이셨고 엄마는 대체 언제쯤 괜찮아지는 거냐며 답답해하셨다.

그때의 우리 집은 모두가 힘들었던 것이다.

3장

# 희망을 삼킨 어둠이 배달 왔습니다

# 눈 감은 경고

병원에서 처방받아 온 약을 처음 복용하고 난 다음 날.

나는 이유 없는 떨림과 불안감으로 힘들었다. 물론 약을 먹는다고 해서 곧바로 좋아지는 것이 아님을 선생님이 말씀해 주셔서 알고는 있었지만 없던 증상까지 더해지니 이 약을 먹어도 되는 것인지 걱정이 되었다. 그 불안감은 처음 겪어보는 감정이었다. 당장 무언가를 하지 않으면 안 될 것 같았다. 뭐든 좋으니 뭔가를 계속해야 할 것만 같은 불안감이었다. 몸이 붕 뜨는 것도 같고 온몸에서 모든 기운이 빠져나가는 것도 같은 그런 기분이었다. 다행히 그 증상들은 2주일이 지나자 조금씩 사라져 가기 시작했고 선생님은 그게 바로 약에 적응하는 단계라고 말씀해 주셨다.

약을 먹기 시작한 지 한 달.

처음으로 악몽을 꾸지 않고 잠드는 날이 생겼다. 덕분에 불면증도 조금은 사라져 잠다운 잠을 자는 날이 전보다 많아졌다. 일어나는 것도 힘겨웠던 나는 일어나서 세수까지 자동으로 할 수 있게 되었고 식사량도 전보다 늘어났다. 아직은 오래 걷는 것도 힘들고 무언가에 오래 집중하기도 어려웠지만 그래도 나를 괴롭혔던 통증들이 조금은 가라앉아서 살 것 같았다. 뒷목 통증으로 고개를 움직이는 게 어려웠던 나였는데 이제는 고개를 자유롭게 돌릴 수 있게 되었다. 허리 통증으로 앉아 있는 것도 힘들었던 나는 이제는 30분 정도는 앉아서 텔레비전을 시청할 수 있게 되었다. 특히, 매일 하루 종일을 시달렸던 두통에서 조금은 벗어난 것 같아 그게 가장 좋았다.

하지만 약을 줄이거나 바꿀 때마다 각종 부작용들이 생겨났다. 약을 줄이기만 하면 급격히 기분이 다운되고 우울해졌다. 가끔은 좋지 않은 생각까지 충동적으로 할 만큼 감정 변화가 심하였다. 그뿐만이 아니었다. 하루는 기억력이 너무 나빠져 전날 있었던 일도 기억하지 못하는 일도 발생했고 또 하루는 조금만 추워도 견딜 수 없이 추위를 느끼는 바람에 카페에 10분도 앉아 있을 수 없었다. 무엇보다 약을 줄이면 전에 먹던 양에선 느끼지 못했던 통증들이 다시 올라오곤 하였다. 통증으로 인한 고통이 가장 컸기 때문에 사라졌던 통증이 다시 발현되는 것은 내게는 공포 그 자체였다. 이처럼 처방받은 약 덕분에 몸이 좋아지기도 하였지만 약을 줄이는 과정에서 예상치 못한 부작용들이 생겨나며 늘 불안에 떨고 긴장했어야 했다. 선생님은 그때마다 나를 안심시켜 주시며 계속 약을 먹어야 함을 강조하셨다. 꾸준히 먹다 보면 분명 좋아질 거라고 말씀하셨다.

그렇게 약을 복용한 지 네 달 정도 되었을 무렵.
정말 몸이 많이 좋아졌다. 악몽을 꾸는 날이 거의 없어졌고 수면시간도 늘어났다. 더 이상 잠드는 것이 무섭지도 어렵지도 않았고 이상한 잡음도 들리지 않았다. 이제는 일어나서 세수하는 건 문제도 아니었고 가끔은 집안일도 할 정도였다. 소화력이 좋아져 식사량도 더 늘어나 살도 조금 오르자 훨씬 사람다워 보이기 시작했다. 바깥을 20분 정도는 걸을 수 있게 되었고 각종 통증들도 많이 가라앉았다. 허리나 뒷목처럼 통증이 심했던 부위들은 아주 가끔을 제외하고는 거의 통증을 느끼지 못하게 되었다. 특히, 두통이 가장 많이 나아져서 그로 인해 울적했던 기분도 많이 사라졌다. 부작용도 훨씬 많이 줄어들어 추위를 견딜 수 있는 시간이 늘어났고 잊고 있던 기억들이 떠오르는 일이 많아질 정도로 기억력도 많이 돌아왔다. 약을 줄여도 통증이 다시 올라오는 빈도도 줄어들었다. 다시 증상이 발현되는 강도도 훨씬 약해졌고 이유 없던 떨림과 불안감도 많이 사라졌다. 그래서일까 가끔은 이대로도 괜찮겠다는 그런 생각도 들었다.

무엇보다 집중력이 점차 돌아오면서, 나도 모르게 다시 무언가에 몰두하고 싶은 마음이 들기 시작했다. 오랜 시간 동안 스스로를 놓아버리고 있었던 내가, 이제는 다시 뭔가에 도전하고, 내가 할 수 있는 일들을 찾고 싶다는 생각이 조금씩 피어났다. 그 작은 마음의 변화가, 마치 깊은 어둠 속에서 한 줄기 빛이 스며드는 것처럼, 내 안에 희망의 불씨를 조금씩 되살리기 시작했다. 어쩌면 내가 다시 일상으로 돌아갈 수도 있겠구나 하는 실낱같은 희망이 내 마음 한구석에 자리 잡고, 서서히 다시 제대로 살아보고 싶다는 욕심이 생겼다.

"안 됩니다."

선생님은 만류하셨다. 아직은 때가 아니니 조금 더 기다렸다가 일을 해보는 것이 어떻겠냐고 하셨다. 다 나은 것 같아 보여도 아직은 불안정한 상태이기 때문에 일시적인 현상일 수도 있으니 좀 더 지켜봐야 한다고 하셨다. 만약 지금 일을 시작했다가 통증들이 다시 심해지기라도 하면 다시 약을 늘려야 해서 더 더디게 치료가 될 수도 있다고 하셨다. 다시 약을 늘려야 할 정도로 이전 상태로 돌아가게 되면 예상치 못한 부작용들까지 동반될 수 있어 위험하다는 것이다.

"그러니 지금 일을 시작한다는 것은 무리입니다."

선생님 말씀이 맞았다. 약을 먹은 지 이제 6개월밖에 되지 않은 시점에서 다시 일을 시작한다는 것은 무리였다. 아직도 통증이 완전히 사라지지 않았고 여전히 불안정한 부분들이 남아 있었다. 이런 상태에서 일을 다시 시작한다 해도 얼마 못 가 그만둘 수도 있음을 나도 알고 있었다. 잘못하다간 약을 다시 늘려야 할 수도 있는 위험부담까지 안고 가야 한다는 사실도 무시할 수 없다는 것을 알았다.

하지만 나는 불안했다. 벌써 내 친구들은 하나둘씩 취업하기 시작했고 그때쯤 남자친구도 자신이 원하던 회사에 입사하게 되었다. 마음이 너무 급해졌다. 내 나이 스물아홉…. 더 이상 지체하다가는 서른이 넘어서야 회사를 가게 생겼다. 아니, 계속 이대로 있다가는 서른이 넘어도 일을 할 수 없을지도 모른다는 불안감까지 덮쳐왔다. 각자의 자리에서 성실하게 자신의 맡은 바를 다하며 어엿한 어른이 되어가는 친구들을 보고 있으면 나도 그들의 대열에 하루라도 빨리 합류해야 한다는 조급함이 생겼다. 무엇보다 어느덧 안정감을 가지고 회사를 다니는 남자친구를 보니 내가 남자친구보다 너무 뒤처진다는 생각이 들었고 그 격차를 조금이라도 줄이려면 어서 빨리 회사에 들어가 나도 어엿한 사회인이 되어야 한다는 생각에 마음이 급해졌다. 친구들과 멀어지기 싫었고 남자친구에게도 어울리는 여자가 되고 싶었다. 그런 마음은 나를 더욱 더 조급하게 만들었고 그런 조급함과 미래에 대한 불안감이 나를 조여와 결국 반드시 일을 다시 시작하고 말겠다는 다짐을 하는 데 이르게 된 것이다.

"딸 꼭 지금 일을 하러 가야겠어?"
"자기야 지금은 아닌 것 같아. 너무 걱정돼."
부모님도 만류하셨고 남자친구도 걱정했다. 모두가 아니라고 할 만큼 내가 섣부른 결정을 내렸을 수도 있다고 생각은 했지만 그것보다 내가 남들에 비해 뒤처지고 사회에서 도태되고 있는 것 같은 게 내게는 더 큰 걱정이었기에 나는 계속해서 고집을 피웠다.
"더 늦으면 안 돼. 지금이라도 어서 일을 시작해야 해. 나만 낙오되는 것 같아서 그게 더 괴로워."

"정 그러시면 한번 다녀보세요. 대신 다니시다가 조금이라도 이상이 생긴다 하면 그 즉시 바로 그만두셔야 합니다."
내가 이겼다. 결국 나는 선생님의 반대를 기어코 꺾고야 말았다. 나는 모두의 걱정을 뒤로 한 채 다시 취업에 도전해 보기로 하였다. 그렇게 내 인생 첫 회사로 한 중견기업에 들어가게 되었다. 다시 취준을 시작한 지 한 달 하고 조금 되었을 때이다.

선생님의 우려와는 다르게, 나는 회사에 빠르게 적응하며 무난히 일상을 이어갔다. 때로는 회사에서 겪는 어려움에 대해 푸념을 하기도 했고, 때로는 내가 업무에 잘 적응해 가는 모습을 보며 나 자신에게 대견함을 느끼기도 했다. 첫 사회생활을 나름 잘 시작하고 있다는 생각에 만족했다. 물론 내가 꿈꾸던 회사는 아니었지만, 이제는 남들에게 내밀 명함 정도는 있다는 사실에 안도감이 들었다. 그토록 바라던 회사원이 된 것에 기쁨을 느끼며, 나는 그 순간을 만끽하고 있었다.

다행히도 일을 시작했음에도 통증이나 몸의 이상이 심해지지 않았다. 아니, 오히려 통증을 거의 느끼지 않게 되었고 몸에 특별한 불편함도 사라졌다. 다 나은 것 같았다. 이제는 사회에서 뒤처진다는 불안감도 사라져 누구를 만나고 어디를 가도 자신감이 생겨났다.
몸이 좋아지니 할 수 있는 것들도 많아졌다. 정말 오랜만에 남자친구와 데이트다운 데이트를 할 수 있게 되었다. 남자친구에게 늘 미안했다. 사귀고 얼마 되지 않아 몸이 아프기 시작하여 사귀는 내내 제대로 된 데이트를 못 해보았기 때문이다. 호프집에 가 가벼운 술 한잔도 못 해보고 영화관이나 놀이공원 같은 곳은 엄두도 못 내었다. 이쁘고 좋은 데는 늘 그림의 떡이었다. 그런데 내가 이리 몸이 좋아지니 모두 다 해볼 수 있게 된 것이다. 너무 기뻤다. 남자친구와 그동안 하고 싶었던 데이트들을 모두 다 해보기 시작했다. 그뿐만 아니라 그동안 만나지 못했던 친구들과 지인들을 만나며 오랜만에 회포도 풀고 수다도 떨며 그간의 갈증을 풀기 시작했다. 절대 술은 안 된다는 선생님의 경고도 무시한 채 가끔은 이런 일탈도 괜찮지 하며 친구들과 맥주 한 잔씩 마시기도 하였다.

  다시 일상으로 돌아왔다는 성취감은 이루 말할 수 없이 컸었고 그런 성취감은 자만으로 이어져 나의 건강과 병에 안일해지게 만들었다. 그렇게 나는 병원도 서울 직장 근처로 옮기며 선생님의 우려를 완전히 망각하고 말았다.

# 다시 찾아온 통증

회사를 다닐수록 약을 복용하는 것이 점점 불편하게 느껴졌다. 출장을 가야 할 때 약을 깜박 방에 놓고 올 뻔한 적도 있었고, 회식이나 중요한 행사에서 술을 마시지 못하는 상황이 답답하게 느껴지기도 했다. 그런 답답함을 새로 옮긴 병원 선생님께 털어놓았더니, 선생님은 약을 더 빨리 줄여보자고 하셨다. 나는 그 조언에 따라 약을 조금씩 줄여갔고, 2주일에 한 알씩 줄여가면서, 회사에 다닌 지 6개월이 지나던 즈음에는 결국 두 알만 먹을 수 있게 되었다.

수습 딱지도 떼고 회사 생활에 어느 정도 적응이 되어 이제는 어엿한 회사원이 되었다고 생각되던 어느 날, 여느 때처럼 거울을 보며 옷매무새를 단정히 하고 거리로 나와 출근길 버스를 탔는데 갑자기 숨이 쉬어지지 않더니 식은땀이 계속 흘러내리고 정신을 놓을 것만 같았다. 몸을 제대로 가누지 못할 정도가 되었을 때쯤 다행히 회사 근처 정류장에 도착했고 버스에서 내리자마자 나는 몸이 이상함을 직감하고 바로 119를 불렀다.

(구급차 사이렌 소리)
"환자분 괜찮으세요?"
"죽을… 것 같아… 요…."
병원에 도착했을 때쯤 그제야 호흡이 가다듬어졌고 나는 놀란 가슴을 진정시켰다. 의사 선생님은 나를 진찰하시더니 몸에 이상은 없다면서 스트레스로 인한 일시적인 현상으로 보인다며 오늘은 집에서 쉬길 권장하셨다.

(핸드폰 진동음)
아 맞다…. 나 출근길이었지…!
"네, 팀장님."
"설아 씨 어딥니까? 어딘데 아직도 출근을 안 한 겁니까?"
"팀장님 제가 갑자기 쓰러질 뻔해서 119를 타고 급하게 병원에 오게 되어 출근을 못 했습니다. 죄송합니다."
"설아 씨 정말 아픈 거 맞아요?"
"네?"

"설아 씨 지난달에만 아프다고 병가 낸 일수만 다 합쳐도 거의 2주예요. 지난주는 또 어떻고요. 설아 씨 아프다고 설아 씨만 업무에서 빼주었잖아요. 그런데 오늘은 또 아프다고 지각을 한다고요? 아니 또 병가 낼 건가요? 대체 일을 하겠다는 겁니까 뭡니까? 정말 아픈 거 맞아요?"

"죄송합니다. 정말 죄송합니다. 죄송합니다."

나는 죄송하단 말밖에 할 수 있는 말이 없었다. 전화를 끊고 생각을 해보니 팀장님 말씀대로 지난달만 거의 반절을 쉬었다. 지난주도 아프다 하고 오늘은 결근이라니…. 그리고 보니 요새 자꾸만 몸이 좋질 않았다. 지난달부터 거의 이틀에 한 번 꼴로 계속 아팠던 기억뿐이었다.


무엇이 문제였을까.

일이 많았나?

아니다. 일은 적당했다.

스트레스가 많았나?

아니다. 누구나 받는 만큼 받았을 뿐이다.

그럼 대체 무엇이 문제인 거지?


(핸드폰 진동음)

"자기야 괜찮아?"

구급차에 실려 왔다는 나의 톡에 남자친구가 걱정이 되어 전화를 했다.

"자기야 나 요새 자주 아프지 않아?"

"맞아. 자기 요새 자주 아프더라. 자기… 혹시… 약을 너무 빨리 줄인 거 아니야? 전에 배현석 선생님이 그러셨잖아. 거의 평생 먹어야 할지도 모른다고…. 그때 받은 알약 개수가 16알인가 했던 것 같은데 지금 1년밖에 안 되었는데 벌써 두 알이야…! 아무래도 약을 그렇게 줄이기엔 지금은 이른가 봐."

그제야 만류하던 선생님의 말씀이 생각났다.

"안 됩니다."

설마… 나 다시 예전 상태로 돌아간 건가…?

그러고 보니 요새 두통을 거의 매일 달고 살았다. 근무 중에 동기에게서 얻은 타이레놀 수가 너무 많아서 동기가 여러 번 놀랐었던 기억이 났다. 뒷목 통증도 다시 시작되었고 자주 밤잠을 설쳤다. 악몽도 자주 꾸기 시작하고 회사에서 근무하다가 화장실로 달려가 토하는 날도 많아졌다.

순간 눈물이 왈칵 쏟아졌다. 이대로 다시 약을 늘려서 다시 예전처럼 집에서 시체처럼 누워만 있는 생활을 하기가 죽기보다 싫었다. 어떻게든 이 두 알로 버텨보고 싶었다. 나는 고집을 피웠다. 그렇게 한 달을 더 버텼다.

그러던 어느 날, 출장 중 행사장에서 근무를 하다가 자꾸만 어지럽고 쓰러질 것 같음을 느꼈다. 주변 다른 직원분들이 분주히 움직이는 걸 보며 나도 그들처럼 움직여야 한다고 생각하면서도 몸이 말을 듣질 않자 가만히 서 있을 수밖에 없었다. 하지만 그마저도 몇 시간 뒤부턴 어려워졌다. 서 있는 것조차도 힘이 들었고 사람들 소리가 점점 멀어지더니 이러다 행사장에서 쓰러질 것 같아 나는 몇 번씩 화장실을 가 쓰러지듯이 변기 옆에 기대앉았다. 그날 느꼈다. 더 이상 이대로 가다가는 큰일 날 것 같음을 말이다.

"팀장님 죄송합니다. 그만두겠습니다. 저 사실은 PTSD 환자예요. 다 나았다고 생각하고 회사를 다녔던 건데 다시 건강이 심각하게 나빠졌습니다. 더는 일을 하는 것이 무리라 판단하여 그만두어야 할 것 같습니다. 죄송합니다."

## 늘어난 알약, 길어진 시간

다시 본가로 내려왔다.

그때의 감정은 그 어느 때보다 처참했다. 약이 두 알 남아서 완치가 거의 코앞이라고 생각했을 때쯤이어서였을까 아니면 꽤 그런대로 일상생활을 잘해 나간 지 1년이나 되어서였기 때문일까. 모든 것이 완성되어 가고 있다고 느낄 때쯤 나는 다시 한번 모든 것을 접고 본가로 내려오게 되었다.

내려오자마자 나와 엄마는 전에 다녔던 그 병원을 다시 찾아갔다.
그런데….
"배현석 선생님은 이미 전에 병원을 그만두셨습니다."

"어디로 가셨는지라도 알 수 있을까요?"
"죄송합니다. 그건 저희도 알 수 없습니다."
이럴 수가…. 선생님만 믿고 다시 찾아온 병원에 선생님이 없다니…. 물론 다른 선생님들의 진료를 받아도 되었지만 나는 무조건 배현석 선생님이어야만 한다는 고집을 피웠다. 왜인지 그 선생님이 아니시면 나는 제대로 완치가 안 될 것 같다는 그런 생각이 들었기 때문이다.

그때부터 엄마는 밤을 꼬박 새워 이곳저곳 수소문하여 결국 선생님이 계신 곳을 알아내셨다.

"설아야, 찾았어!!!"

세상에 선생님은 이전 병원에서 나오시고 새로 병원을 차리셨다는 것이다. 그것도 우리 집 바로 근처에! 이전 병원은 집에서 1시간 정도 걸리는 곳이었고, 중독자들이 몰리는 중독 전문 병원이었기 때문에 종종 무서운 사람들이 난동을 부릴 때도 있어 대기하는 것이 심리적으로 매우 힘들었다. 하지만 선생님이 새로 차리신 병원은 일반 정신과 병원이라, 일반 병원처럼 편안한 분위기였기에 무섭지 않고 너무 좋았다.

똑, 똑

"선생님… 안녕하세요…. 오랜만에 뵈어요…."

나는 선생님을 보자마자 눈물이 터져 나왔다. 엄마도 같이 우셨다.

"저희 딸이 많이 아파요. 너무 걱정되어요. 다 나았다고 생각했는데 다시 너무 아파요. 저희 딸 좀 낫게 해주세요. 이번에는 선생님이 하라는 대로 다 할게요!"

선생님은 울고 있는 우리를 다독여 주셨고 그동안 있었던 일들과 다시 시작된 몸의 이상들을 찬찬히 들어주셨다. 선생님의 표정은 점점 심각해지셨다.

"우선 약을 너무 급하게 줄이셨어요. 그리고 역시나 일을 시작한 것이 무리였던 것 같아요. 환자분은 일반사고가 아닌 마약이라는 약물사고로 인한 PTSD 환자이기 때문에 다른 이들보다 더 세심하게 치료를 해야 하는데 서울에서 그걸 놓치신 것 같아요. 또 병원이 바뀌면서 약이 바뀌게 될 수도 있는데 그런 부분에 있어서 문제가 생겼던 것 같아요."

무엇보다 코로나에 걸렸을 당시가 문제가 되었다고 하셨다.

"코로나 약은 지금 환자분이 드시는 약과 함께 먹어도 아무 이상 없어요. 그런데 그때 열흘간 약을 끊은 것이 가장 큰 화근이 되었던 것 같아요. 그 뒤로 몸이 계속 안 좋아지셨을 거예요."

맞다. 몇 달 전 여느 때처럼 행사장에서 근무하다가 옆에서 일하던 직원에게 코로나를 옮았던 적이 있었다. 병원에서 약을 받고 나오는 길에 코로나 약과 정신과 약을 같이 복용해도 되는지를 문의하고자 그때 다니던 서울 병원으로 전화를 걸었다. 나의 전화를 받았던 직원에게 의사 선생님과의 연결을 부탁했지만 거절당하였고 이유가 무엇인지 물어보길래 함께 복용해도 되는지 확인 때문이라는 나의 말에 너무나 당당하게 안 된다고 하였다. 너무나 당연하다는 듯이 말하길래 나는 그날부터 정신과 약을 잠시 중단하고 코로나 약만 먹었다. 그렇게 열흘이라는 시간 동안 말이다.

"우리 딸이 다시 나을 수 있을까요?"
"아무래도 다시 약을 늘리게 된 만큼 이전보다 치료가 더 오래 걸릴 것입니다. 이전처럼 약의 부작용도 겪게 되실 것이고 또 긴 싸움이 시작될 거예요. 지금으로선 이전 상태로 돌려놓는 것이 급선무이기 때문에 우선은 거기에 집중을 하도록 합시다. 그리고 완치가 가능한지는 그 이후에 다시 얘기해 보도록 합시다. 지금으로선 말씀드리기가 어려울 것 같아요."

나는 후회했다. 왜 내가 선생님 말을 기어코 어기고 회사를 간다고 했을까. 왜 나는 그 접수처 직원 말만 듣고 약을 함부로 끊었을까. 왜 나는 선생님의 경고를 무시하고 약을 먹으면서 술을 마셨을까. 모든 것이 후회되었다.

"그리고… 없던 증상이 하나 더 생긴 것 같아요. 얘기를 들어보니 공황발작이 잠시 있었던 것 같군요. 다행히 공황장애로까지 이어지지 않았기에 잘 관리한다면 극복할 수 있어요. 호흡법을 알려드릴게요. 집에서 그리고 거리에서 또 그런 일이 발생할 것 같다면 이 호흡법을 활용하세요."

나는 그렇게 선생님이 알려주시는 호흡법을 연습하며 선생님을 다시 만났다는 반가움도 잠시 후회로 얼룩진 마음을 추스르며 쓸쓸히 집으로 돌아갔다.

여덟 알.
내게 다시 늘려진 알약 개수다.

"하…."
선생님을 다시 만났다는 기쁨도 잠시 너무나 늘어난 약 개수를 보면 그간 나의 노력이 물거품이 된 것 같아 한숨만 나왔다.

"그래도 처음 제게 오셔서 받아 가셨던 약 개수보단 훨씬

적은 거예요. 다 나았다고 생각했는데 다시 아프게 된 것 같아 속이 상하시겠지만 불행 중 다행이라면 그렇게 많이 예전으로 돌아가진 않으셨어요. 제가 판단하기론 앞으로 2년 정도 약을 먹으면 많이 회복되실 것 같아요. 단, 제가 예전에도 말씀드렸듯이 약은 평생 드셔야 할 거예요."

2년… 평생….
그 단어들이 너무나 슬프게 다가왔다. 완치를 논하는 것은 어려워졌고 회복되는 데 이전보다 더 오래 걸릴 것이고 어쩌면 약을 평생 먹어야 할 수도 있게 되었다. 아니, 그럴 것이다. 어쩌면 다 낫는다는 게 불가능해졌을 수도 있다.
자꾸만 후회가 되었다. 내가 제일 싫어하는 게 후회하는 건데…. 나는 그런 내가 싫어졌다. 선생님도 엄마도 지금부터 다시 약 잘 먹으면 괜찮다고 위로해 주시는데 들리지가 않았다. 나는 끝도 없는 절망감에 빠졌고 무력해질 대로 무력해졌다. 아무것도 하기가 싫었다. 더 이상 무언가를 바라고 기대하는 것도 지쳤고 이 싸움에서 이길 자신도 없었다. 몸이 아픈 것도 있었지만 마음이 너무 아파 아무것도 할 수가 없었다. 나는 그렇게 며칠을 집에서 허공만 쳐다보며 누워만 있었다.

## 엎친 데 덮친 격으로 부작용까지

하루하루 우울에 빠져 있던 내게 신은 그럴 여유도 주시지 않기로 하셨나 보다. 통증을 이겨내기도 버거웠는데 이제는 각종 부작용까지 동반되었다.

"정신과 약은 각종 부작용을 동반해요. 그래서 약을 복용하시게 되면 기존의 통증은 사라질 수 있지만 새로운 통증이 발생하기도 한답니다. 특히 약을 다시 늘리게 되었기 때문에 그만큼 부작용도 더 많이 생겨날 수 있어요. 그러니 부작용이라고 생각될 만한 새로운 증상이 발견되면 즉시 병원을 방문해 주세요."

선생님의 말씀대로 흘러가지 않기를 바랐다. 하지만 어김없이 부작용들이 생겨났다. 내가 처음 선생님을 만났을 때는 통증과의 싸움만 있었다면 이제는 거기에 부작용과의 싸움까지 더해진 기분이었다. 약을 다시 많이 늘리게 된 만큼 부작용도 이전보다 더 많아졌다.

맨 처음 약을 받았던 날처럼 온몸에 힘이 다 빠지고 마치 바보가 된 것처럼 멍하니 누워만 있게 되고 조금만 무리해도 몸이 이겨내지를 못했다. 또한, 이유 없는 불안감이 또 시작되었다. 무언가를 하지 않으면 안 될 것 같은 그런 불안감이 걷잡을 수 없이 커졌다. 그런 불안감을 상쇄시키려 몸을 조금이라도 움직이면 어김없이 상태가 악화되었다. 그래서 내가 할 수 있는 것은 침대에 누워 천장만 바라보는 것이었는데 또 그렇게 있으면 뭔지 모를 불안감이 나를 또 움직이게 했다. 그렇게 악순환이 반복되면서 지쳐갔다.

하지만 예상했고 이미 한 번 겪어봤던 부작용들이었기에 놀라지는 않았다. 그런데 전에는 없었던 부작용이 생겨났다. 이게 문제였다. 온몸이 간지러운 증상이었다. 정말 몸이 간지러운 것은 아니었지만 어딘가 너무 가려워서 도저히 가만히 있을 수가 없을 정도였다. 뭐랄까… 피부가 간지러운 게 아니라 피부 속이 간지러운 느낌이었다. 마치 몸속 근육이 간지러운 것 같달까…. 온몸이 저리고 가끔은 몸속에서 열이 나는 것 같다는 느낌도 받았다. 평소에는 괜찮다가 잠을 자려고만 하면 꼭 그랬다. 그래서 잠이 들기가 쉽지 않았고 그러한 증상이 느껴지면 자다가도 몇 번을 깨곤 하였다. 그때마다 엄마가 달려와 주셔서 내 온몸을 주물러 주셨다. 그래야만 나는 잠이 들 수가 있었다.

다행히 그러한 부작용들은 시간이 지나면서 차츰 사라져갔다. 그리고 부작용으로부터 해방되었다고 느낀 날 나는 또 한 번 좌절해야 했다.
"자기야 나 오늘 운동 좀 많이 했어! 내일은 더 건강하게 만나게 될 거야!"
나는 남자친구에게 그날 운동한 것을 자랑하면서 다음 날 만나게 될 것에 대해 기대하고 있었다.

그렇게 다음 날이 되었고 나는 기차를 타고 서울로 올라갔다. 서울에 도착하여 지하철로 갈아타는 과정에서 화장실에 들렀고 나는 손을 씻으며 거울을 보다가 너무나 놀라고 말았다.
"이게 뭐야!!! 내 얼굴이… 내 얼굴이….'
내 얼굴이 퉁퉁 부은 데다가 얼굴 반 정도가 뾰루지로 덮여 있었다. 긁은 적도 없고 모기가 있을 날도 아닌데 얼굴이 이렇게 된 게 이해가 되지 않았다. 무엇보다 무서웠다. 내 얼굴이 아닌 얼굴을 마주하고 있으니 정말 무서웠다.

남자친구도 나를 보자마자 너무 놀라 하였고 데이트를 하는 내내 점점 상태가 심해져서 결국 온 얼굴이 뾰루지로 가득해져서야 심각함을 느낀 나는 다시 집으로 내려가야 했다. 집에 돌아와서도 가라앉을 기미가 보이지 않았고 부모님도 놀라셨다. 주말이라 열려 있는 피부과도 없어서 하루만 더 기다렸다가 상태를 보고 병원을 가보기로 하였다.

다행히 다음 날 아침이 되니 모든 뾰루지가 가라앉았고 나의 얼굴은 제 얼굴을 찾았다. 얼굴이 땡땡 부어서 아프기까지 했는데 이틀 만에 또 가라앉는 것을 보고 이것 또한 부작용인가 싶어 나는 바로 선생님을 찾아갔다.

"네, 맞습니다. 부작용이에요. 아마 환자분이 그간 운동을 무리하게 한 상태에서 긴 여행길에 올랐고 날도 갑자기 추워지는 바람에 면역력이 떨어지면서 부작용이 심해진 것 같아요. 당분간은 운동도 하지 마시고 무리하게 움직이지도 마시고 휴식을 충분히 취하셨으면 해요."

이제는 부작용 눈치까지 봐야 한다는 사실에 화가 났다. 가만히 있는 것도 힘들고 뭔가를 해야만 이 불안이 해소가 되는데 그것도 하지 말라고 하니 답답한 마음에 자꾸만 화가 났다.

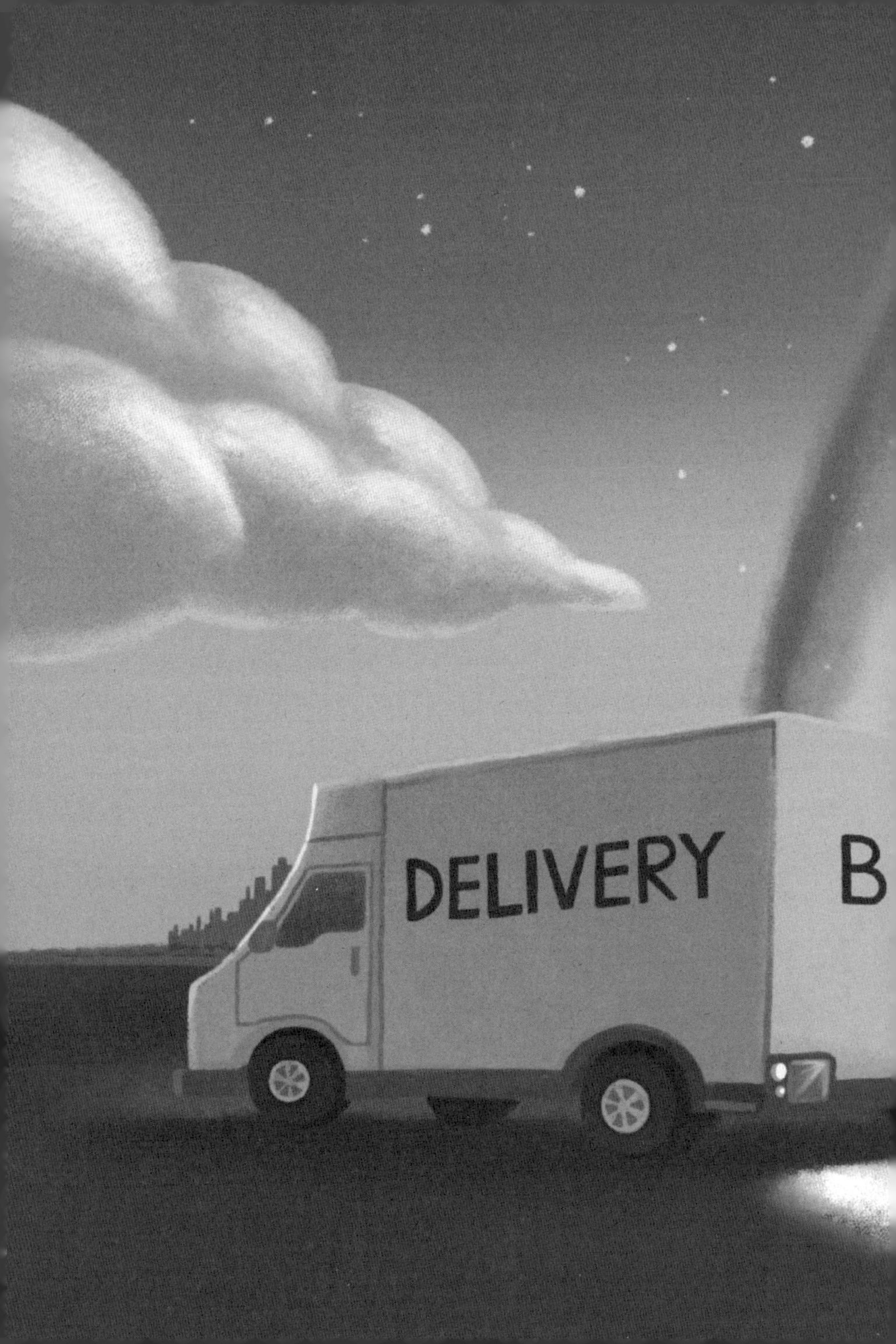
DELIVERY
B

4장

# 치유의 손길이 배달 왔습니다

# 마음의 병도 병이다

밖을 나가 사람들을 만나고 싶어도 친구들과 전화로라도 밤새 수다를 떨고 싶어도 그 어떤 것도 지금의 내게는 무리였다. 평소 좋아하던 청소나 정리라도 하고 싶었지만 몸을 움직일 생각만 해도 통증이 올라와 그마저도 생각하는 것을 멈춰야 했다. 정말 아무것도 하지 않고 있자니 몸이 답답한 것을 넘어, 마음까지 꽉 막혀 멈춰버릴 것만 같았다. 죽을 것 같은 절박함에 사로잡혔지만, 그렇다고 실제로 죽지는 않을 만큼 애매하게 고통스러웠다. 그렇게 무기력한 하루하루를 간신히 버텨내던 어느 날, 퇴근길의 아빠에게서 전화가 걸려왔다. 목소리에는 기쁨이 가득했다.

"설아야, 아빠가 너를 위한 곳을 알아냈어!! 집에 가서 얘기하자꾸나."

"한국마약퇴치운동본부 중독재활센터."
집에 돌아오신 아빠가 꺼낸 말이다.

"이곳에서 너와 비슷하게 마약과 관련된 일을 겪은 사람들을 상담해 준다고 하더구나. 마약을 전문으로 다루는 곳이니 너의 상태에 대해 가장 잘 아시는 분들을 만날 수 있겠더구나. 그동안 우리가 잘 모르고 헤맸던 많은 의문들을 이곳에 가서 풀 수 있겠다고 생각하니 너무 다행이야. 사실 집에 오기 전에 아빠가 미리 센터에 연락해서 너의 이야기를 조금 해두었어. 너를 꼭 데려오라고 하더구나. 내일 엄마랑 다 같이 그곳을 방문해 보자!"

사실 남자친구의 권유로 종종 상담을 받으러 심리상담센터를 방문한 적이 있어서 상담을 받는다는 것이 어렵게 다가오진 않았다. 하지만 '마약', '중독'이란 단어들이 주는 어감이 너무나 세서 선뜻 아빠의 의견에 동의하고 싶지 않았다. 그곳을 방문한다는 건 마치 내가 마약중독자라는 낙인을 스스로 받아들이는 것 같아 억울한 감정까지 들었다. 더군다나 내 얘기를 또 다른 제3자에게 얘기해야 한다는 것이 아직은 두려웠던 모양이다. 나를 색안경 끼고 보진 않을까 혹은 나를 신고하진 않을까 하고 겁이 났다.

그런 내게 아빠는 내 손을 잡아주시며 말을 이어가셨다.
"설아야, 너는 마약중독자가 아니라 마약사고 피해자야. 네가 원해서 마약을 한 것도 아닌 것을 우리가 믿고 있듯이 그곳 선생님들도 믿어주실 거야. 그 억울한 마음까지 다 들고 가자. 그곳에 가서 모두 털어놓고 지금부터는 너의 다친 마음을 달래주자. 지금 너는 몸도 아프지만 마음도 많이 아프잖아. 지금까지 네 이야기를 들어주신 분이 우리와 배현석 선생님뿐이었다면, 앞으로는 그곳의 선생님들까지 네 이야기에 공감해주실 거야. 그렇게 된다면, 네 아픈 마음이 조금이라도 더 나아지지 않을까? 가보자, 설아야."

아빠의 말에 자꾸만 눈물이 났다. 맞다. 지금 나는 몸만 아픈 것이 아니라 마음도 너무나 아프다. 갈기갈기 찢겨 난도질을 당한 것마냥 가슴이 아프다. 이 억울함을 누가 알아줄까. 이 원통함을 어떻게 말로 다 표현할 수 있을까. 그런 생각이 들 때마다 가슴이 미어지다 못해 절절해졌다. 그렇게 한참을 우는 나를 아빠는 안아주시며 말없이 기다려 주셨다. 그러다 눈물로 다 쏟아내고 나니 한 번쯤 방문해 보는 것도 나쁘진 않겠다는 생각이 들었고 이윽고 나는 마음을 바꾸어 아빠의 말씀대로 그곳을 방문해 보기로 결심했다.

그곳은 마약퇴치를 위해 설립된 국가기관으로 생긴 지는 얼마 되지 않았다. 국내에서도 마약 문제가 점점 커져가자 정부에서 마약과의 전쟁을 선포하면서 만들어진 기관이다. 처음 그곳을 방문하는데 문 앞에 붙여진 포스터 앞에서 발길이 멈추어 버렸다. 그 포스터에는 유명 연예인이 "나약하지않아."라는 문구를 가리키고 있었다. 그 포스터를 보고 있는데 이런 저런 생각이 들었다. 이 포스터를 보고 들어가는 사람들 중 상당수는 그 문구를 "나 약하지 않아."라고 읽을 것 같았다. 하지만 나는 그런 사람들과는 거리가 멀다고 느꼈기에, 과연 내가 이곳에 들어가는 게 맞는 일인지 의문이 들었다. 또 한편으로는 "나약하지 않아."라고 읽으면서, 그래, 설아야. 너는 충분히 들어갈 자격이 있어. 가서 너의 이야기를 들려드리자는 생각이 스치기도 했다. 어떤 결론에도 도달하지 못해 망설이고 있는 나를 본 부모님께서 말씀하셨다.
 "설아야, 괜찮아. 겁내지 말자."
 부모님의 말씀에 마음을 다잡고 문을 열었더니 예상치 못한 광경이 눈앞에 펼쳐져 놀라고 말았다. 시설이 훌륭했을 뿐만 아니라, 일반 상담센터 같으면서도 회사 같은 분위기를 풍겨 내가 생각하던 상담센터와는 전혀 달랐다. 무엇보다도 선생님들이 너무나 친절해서, 그들의 따뜻한 인사만으로도 얼어붙어 있던 내 마음이 조금씩 풀리는 듯했다.

잠시 후, 선생님들, 부모님 그리고 나 이렇게 모두가 모여서 과거 내 사고 시점부터 나의 이야기를 시작해 나갔다. 울기도 하고 애써 담담한 척도 해가며 그간의 사건들과 아픔들을 간략하게나마 꺼내놓았다. 나뿐만 아니라 부모님도 얘기를 할 수 있는 시간이 있었다. 그런 나를 부모님은 어떻게 받아들이고 이해하게 되었는지를 선생님께서 물으셨고 덕분에 처음으로 부모님의 마음을 읽을 수 있는 시간도 되었다.

처음이었다. 배현석 선생님 이후로 내가 마음을 열게 된 곳이 생겨났다는 것이. 집으로 돌아오는 길에 나는 행복하다 했다. 내 이야기를 들어주는 이가 몇 분 더 늘어났다는 것이 너무나 든든했다.

시간이 흐르고 다시 센터를 방문한 날, 드디어 내 담당 선생님과 1대1 상담을 하게 되었다. 선생님을 만나면 무슨 얘기부터 해야 할지 내 얘기를 다 믿어주실지 온갖 걱정을 하며 문을 열었고 선생님은 그날도 나를 환하게 맞이해 주셨다.
"집에서 여기까지 오시느라 수고 많으셨어요. 많이 힘드셨죠?"
그냥 형식적으로 하시는 말씀이라고 생각했다.
그런데 왜인지 그 질문에 솔직하게 답하고 싶었다.

"네, 힘들었어요. 쉽지 않았어요."

"당연하죠. 그래도 대단하세요. 여기까지 오시려면 아침에 일어나 세수도 해야 해, 씻어야 해 옷도 갈아입어야 해, 차도 타야 해. 그걸 다 하고 오신 거잖아요. 잘하셨어요."
 그 말도 형식적으로 하시는 건 줄 알았는데 갑자기 눈물이 났다. 그것도 자꾸만 났다.
 정말이었기 때문이다. 정말 아침에 눈을 뜨는 것부터 해서 일어나서 세수하고 씻고 옷을 갈아입고 차를 타고 여기까지 오는 것이 너무나 힘들었기 때문이다. 몸과 마음이 너무 아파서 아무것도 하기 싫은데 무언가를 해야 한다는 사실 자체가 사실은 내게 너무나 고통스러운 것이었기 때문이다. 제3자인 선생님이 그런 내 마음을 알아봐 주셨다는 사실에 얼어붙어 있던 마음이 녹아 눈물이 났던 것 같다.

 한참을 울고 난 뒤, 선생님과 이야기를 시작했다. 배현석 선생님께 얘기할 때보다 훨씬 더 정리가 되어 있었고 기억의 혼선도 조금은 덜하였다. 나의 이야기를 듣는 선생님은 이따금씩 눈가가 빨개지셨다. 배현석 선생님께서는 몸의 증상을 주로 이야기하셨다면 선생님께서는 마음의 증상을 주로 이야기해 주셨다. 선생님께서 물으시는 질문 대부분이 마음과 관련

된 것들이었기 때문이다. 나는 이야기를 하면 할수록 마치 목욕탕에서 몸을 지지고 있는 것처럼 온몸이 개운해지고 마음이 시원해짐을 느꼈다. 1시간이 이렇게 빨리 지나갈 수 있구나를 느꼈다. 그렇게 선생님과의 첫 상담이 끝났다.

차로 돌아온 내 얼굴을 보신 엄마는 얼굴빛이 한층 더 밝아졌다며 안도하셨다. 혹시나 내가 상담을 하다 되려 상처를 받고 오진 않을까 하고 내내 걱정을 하신 모양이다. 다행히도 나는 선생님과 합이 잘 맞는 것 같았다.

그 뒤로도 몇 차례 더 상담이 이어졌고 갈 때마다 늘 무거운 몸을 이끌고 갔지만 돌아올 때는 늘 가벼운 발걸음으로 돌아왔다. 어느 날은 눈이 퉁퉁 부을 만큼 울다가 나오고 어느 날은 과거의 기억으로 화를 다 쏟아붓고 나오기도 하고 또 어느 날은 어린아이처럼 해맑게 웃으며 나오기도 하였다. 정말 선생님과 울고 웃으며 많은 이야기를 나눴다.

그러던 어느 날, 나는 새로운 사실을 알게 되었다.
"선생님…, 저는 인내력이 참 강한 사람이라고 스스로 자부할 수 있을 정도로 참을성이 참 강한 사람이에요…. 그런데 외국에서 사고를 겪은 뒤로 저는 정말 참을성이 부족해졌어요."

"예를 들면 어떤 게 있을까요?"

"먹고 싶은 것은 그 즉시 먹어야 직성이 풀리고 조금이라도 배가 고프면 화가 나요. 조금이라도 당이 딸리거나 힘이 들면 무지 예민해져요. 복잡한 생각이나 빠른 판단이 아예 안 되는 것 같아요. 그런 생각들을 조금이라도 하게 되면 머리가 너무 아프고 어지러워서 집중이 안되거든요. 그래서 집에서 그냥 쉬는 거면서도 설거지 하나도 못 하겠어요. 죽기보다 하기 싫고 너무 힘들어요. 마치 5살짜리 꼬마 애가 되어버린 것 같아요. 제 자신이 너무 부끄럽고 한심해요…."

"설아 님은 그동안 PTSD 치료만 받아오셨잖아요. 제가 판단하기론 설아 님의 병명은 PTSD 하나만이 아닌 것 같아요. 갈망증. 이게 설아 님의 또 다른 병명이 될 것 같아요."

선생님은 맨 앞에 마약중독이라고 적힌 책자를 보여주시면서 말씀을 이어가셨다.

"아무래도 마약을 상습적으로 하는 사람들과 반년을 한 방에서 같이 지내면서 그들이 건넨 음료수, 음식, 약을 통해 설아 님도 모르게 그날 사고가 아니더라도 마약에 노출되어 있었을 확률이 커요. 그렇게 따지면 설아 님은 중독되셨을 것이고 한국으로 돌아온 뒤 4년간 약을 하지 않으셨으니 금단 현상에 빠지셨을 거예요."

"갈망증이요? … 마약… 중독… 금단… 현상이요?"

"네, 만약 설아 님이 마약에 중독된 게 그날 그 사고가 처음이자 마지막이었다고 하더라도 설아 님은 단 한 번 마약에 노출되었으니 사고로 끝났을 거라고 생각하시겠지만 그것은 신종합성마약이었기에 그런 마약들은 단 한 번으로도 중독 증상을 일으킨답니다."

"단 한 번으로도요?"

"네, 그렇답니다. 그러한 마약을 더 이상 접하지 않게 되면서 겪는 금단 현상 중 가장 대표적인 증상이 바로 갈망증이에요. 방금 설아 님이 말씀하신 대부분의 증상들이 갈망증에 해당되어요. 자꾸만 설아 님 몸이 그때 노출되었던 마약을 원하는데 그 마약이 설아 님 몸에 들어오질 않으니 몸이 화를 내는 거예요. 그 약을 달라고요. 그걸 갈망증이라고 해요. 그 약을 갈망하는 거죠."

"제가 이러는 게… 그러니까… 그 갈망증이라는 것 때문이라고요?"

"네, 설아 님은 그 4년을 잘 참으셨지만 마약에 중독된 사람들 대부분이 처음에는 호기심에 약을 했다가 그다음부터는 그 갈망증을 이기지 못해 계속 약을 합니다. 그들 중에는 정말 끊어보려고 치열하게 노력하는 사람들도 있어요. 하지만 결국에는 다시 약을 찾습니다. 그것은 의지의 문제가 아니에요. 그것은 머리가 요구하는 거예요. 마약에 처음 접하게 되면서 맛보게 된 쾌감을 다시 얻기 위해 '나 지금 더 많은 호르몬이 필요해.'라고 머리가 요구하는 거거든요. 분명 약을 하지 않으면 아무 문제 없는 일상임에도 약을 하고 나면 못 견디게 지옥 같은 하루가 되는 이유가 바로 이 때문이에요. 그래서 나도 모르게 다시 약을 찾게 되는 거예요."

선생님은 말씀을 멈추시더니 갑자기 나를 향해 미소를 지으셨다. 마치 '당신은 대단해요.'라고 하는 것 같은 표정으로 말이다.

"치료하러 오는 사람들 중 대부분이 그 갈망증을 이기지 못하고 다시 약에 손을 댈 정도로 그 고통은 사람으로서 이겨낼 수 있는 정도가 아니라고 합니다. 그런데 설아 님은 그 고통을 4년이라는 긴 시간 동안 혼자 참아내신 거예요. 그러니 그 고통의 크기는 말로 설명할 수 없을 겁니다. 아마 정말 많이 힘드시고 아프시고 괴로우셨을 거예요. 그렇게 몸이 아프니 아무것도 하기 싫은 게 당연한 겁니다."

선생님 말씀에 눈물이 났다. 그동안 병원에서 약을 먹어도 해결되지 않던 뭔지 모를 갈증과 갈망이 사실은 갈망증의 증상이었다는 것이란 말에 그간 내가 아팠던 것들이 모두 치료가 필요할 만큼 견디기 힘든 것들이었구나 하는 생각이 들어 눈물이 났다. 나는 내가 나약해서 내가 강하지 못해서 자꾸만 회피하고 조금만 힘들면 견디길 포기한다고 생각했다. 그런데 사실은 그러한 모습까지 모두 갈망증의 증상이라고 하는 것이었다. 나는 뭔가 이해받는 느낌을 받았고 그 생각에 한참을 울었던 것 같다.

"설아 님은 절대 참을성이 부족한 사람이 아니에요. 오히려 참을성이 정말 강한 분이시죠. 4년이라는 시간 동안 단 한 번도 약에 손대지 않았다는 것 그게 증거예요. 사실 설아 님은 저희에게 연구의 대상이에요. 그동안 약에 중독된 적이 있었음에도 이곳을 방문하지 않고도 다시 약을 찾지 않은 사람을 단 한 번도 보지 못했는데 설아 님이 처음이거든요. 그러니 자부심을 갖고 무너지지 마세요. 앞으로 저희와 상담을 통해 갈망증을 치료한다면 고통의 크기도 훨씬 줄어들 겁니다. 잘 버텨오셨어요. 정말 대단하세요!"

그렇게 마지막 상담 날이 다가왔다.

마지막 상담 날 선생님이 그러셨다.
"설아 님은 제가 본 사람들 중 가장 강인하신 분이세요. 마음이 강한 분이세요. 왜냐하면 지금까지 그 일들을 다 겪고도 이렇게 환하게 웃으시는 분은 처음이거든요. 처음 저희 센터 문을 여시면서 밝게 웃으시던 모습이 아직도 선해요. 그 사고를 겪고 그 후유증을 겪은 사람으로 안 보였어요. 그렇게 웃으실 수 있는 건 설아 님이 강하기 때문이에요."
 그날 나는 선생님께 감사의 마음을 담은 작은 편지를 쓰고 홀가분한 마음으로 센터를 나섰다.

 약 세 달간의 상담은 확실히 치료 효과가 있었다. 누군가에게 주기적으로 내 이야기를 털어놓으며 내 맘속에 있던 응어리와 한을 풀고 오니 조금은 살 것 같았다. 덕분에 사고 이후 무기력과 자책 속에 머물러 있던 내가 조금씩 활력을 되찾고, 가끔은 스스로를 인정해 주기도 하였다.

 사실 이 상담을 시작하기 전의 나는 내가 아프다는 사실을 받아들이기가 어려웠다. 내 아픔을 인정하게 되면 그 마약의 주인이었던 룸메이트에 대한 원망이 걷잡을 수 없이 커지고, 심지어 그녀가 죽었으면 하고 싶을 만큼 미워졌다. 그런 감정은 결국 내 마음을 갉아먹어 내가 나 자신조차도 버티기 힘들게 만들었기 때문이다.
 하지만 내가 더 나아지기 위해서는 내가 현재 어떤 상태인지 직면해야 할 필요가 있었고 그러기 위해선 그 사실을 나는 받아들여야 했다. 나 혼자서는 불가능했기에 상담의 도움을 받았고 다행히도 나는 잘 받아들이게 되었다.

그뿐만 아니라 어쩌면 그동안 통증과 싸워내느라 회피했던 중요한 사실들을 이 상담을 통해 마주하게 되면서 내 아픔을 진정으로 이해하게 된 것은 아닐까 한다. 나도 내가 이렇게나 아픈지 몰랐다. 특히 마음이. 그리고 어쩌면 나의 통증이 이전보다 훨씬 덜해지면서 살만해지니 내 마음을 돌보기 시작하게 된 것은 아니었을까 한다.

아프기 전의 나는 상담이 나약하고 의지가 부족한 사람들이 받는 것이라 생각했지만, 그것은 완전히 잘못된 착각이었다. 상담은 마음이 아픈 누구나 받을 수 있고, 받아야 하는 것이었다. 그리고 마음이 아프다는 것은 결코 나약함의 징표가 아니었다. 그것은 오히려 나를 돌보라는 신호라는 것을 이제야 깨닫게 되었다. 칼로 베인 흉터만이 상처라고 어찌 말할 수 있겠는가. 보이지 않는 마음의 상처도 칼로 베인 상처 못지않게 우리를 아프고 병들게 한다. 나는 마지막 상담을 끝으로 이제부터라도 나를 돌보기로 하였다.

찜질방보다 뜨거운
가족의 사랑

상담을 받으면서 나만 변한 것이 아니었다. 우리 가족도 달라졌다. 부모님께서도 가끔 센터에 가셔서 교육을 받으셨는데, 집에 돌아오실 때마다 눈물을 보이며 나를 꼭 안아주셨다. 나는 그 눈물의 의미를 굳이 묻지 않아도 알 것 같았다.

나는 통증의 무게에 짓눌려 자주 신경질을 부리고 짜증을 내곤 했다. 그때의 내가 부리던 화는 일반 사람이 감당할 수 있는 수준이 아니었다. 아주 작은 변화에도 몹시 불안에 떨었으며 누가 내 신경을 아주 조금이라도 건드는 언행을 한다면 활화산처럼 갑자기 폭발해 버렸다. 악을 지르지 않으면 그 통증이 사라지질 않아서 또 그 분한 마음이 가시지를 않아서 잊을만할 때마다 방에서 혼자서 소리를 지르기도 했다. 그런 나를 다독이는 건 늘 부모님의 몫이었다. 부모님도 분명 그런 내가 이해가 안 되고 감당하기 힘드셨을 것이다. 그러나 가족이라는 이유로 참고 견디셨을 뿐, 나의 눈에 보이지 않는 고통을 이해하지 못한 채 수없이 마음으로 울며 지내셨을 것이다.

어찌해야 나를 더 잘 이해하고 다독일 수 있을지, 부모님도 방법을 몰라 막막하셨을 것이다. 하지만 센터에서 그 방법을 배우신 뒤, 한편으로는 안도하시면서도 그동안 혼자 아파했을 나를 떠올리며 마음이 짠하셨던 것 같다. 또한, 우리 가족이 이렇게 힘든 상황에 처하게 된 것에 대한 속상함이 그 눈물에 담겨 있었을 것이다.

상담이 끝난 뒤, 우리 가족은 마치 큰 산을 넘은 듯한 해방감을 느꼈다. 서로에 대한 서운함보다는 고마움을 먼저 말하고, 이해받기보다는 먼저 이해하려 노력했다. 너무 힘든 날에는 함께 울다 웃으며 서로를 위로하기도 했다. 그렇게 우리는 점점 서로를 더 깊이 이해하고 믿는 마음이 강해졌으며, 가족 간의 정은 더욱 끈끈하고 단단해졌다.

그런 어느 날 엄마와 아빠가 내 손을 잡더니 그러셨다.

"설아야, 우리 같이 이겨내자. 너의 아픔은 너의 것만이 아니야. 우리 모두의 것이야. 그러니 같이 이겨내자. 그러면 우리 설아가 더 잘 이겨낼 것 같아. 너를 낫게만 할 수 있다면 모든 것을 해주고 싶어. 우리는 너를 꼭 낫게 할 거야."

그렇게 우리 가족은 한마음이 되어 똘똘 뭉쳤고, 모든 생활이 나를 중심으로 움직이기 시작했다.

엄마는 그날부로 매일 하루 종일 핸드폰과 컴퓨터로 각종 건강 정보와 뉴스들을 모으기 시작하셨다. 그러던 어느 날, 엄마는 기쁨에 찬 목소리로 나를 부르셨다.

"설아야, 너에게 게르마늄이 좋대! 게르마늄이 몸 안에 있는 독소를 빼주는 효과가 있대! 그 사고로 너의 몸속에 남아 있는 독소가 있을지도 모른다는 생각에 늘 불안했는데 이참에 제대로 나아볼 수 있게 엄마랑 게르마늄 찜질방을 다녀보자. 마침 집 근처에 새로 오픈했다 하더라고."

우리 엄마는 정말 원더우먼 같다. 어떻게 그런 정보들을 다 알아내셨을까. 내게 좋다는 건 뭐든 사 오고, 뭐든 시도해 보는 엄마셨기에 사실, 그 정보들이 맞는지 틀린지는 중요하지 않았다. 오히려 엄마가 나를 위해 온 힘을 다해 애쓰시는 모습만으로도 내 안에 남아 있던 억울함과 분노가 서서히 사라질 정도였다.

내가 마약에 노출되지 않은지 4년이란 긴 시간이 흘렀기에 내 안에 그런 성분이 남아 있을 리는 없었다. 독소가 남아 있을 리도 없었다. 또한 그 당시 병원을 다니고 상담을 받으러 나가는 것만 해도 내겐 버거운 일이었기에 찜질방을 다니는 것까지 더해진다는 것은 내게 약간의 부담이 될 수 있었다. 하지만 엄마의 노력에 보답하고자 나는 서둘러 옷을 챙겨 입고 엄마를 따라나섰다.

"따님이 아프시다고요. 잘 오셨어요. 따님처럼 큰 사고를 겪고 몸이 아프신 분들에게도 이곳은 참 좋아요. 게르마늄은 독소를 빼주는 효과만 있을 뿐만 아니라 신경도 청소해 준답니다."

신경 청소라…. 방 청소는 들어봤어도 신경 청소란 말은 난생처음 들어보았다.

그러고 보니….
"환자분은 그날 사고로 말초신경계에 손상을 입은 것으로 보여요. 다행히 그때 맞은 주사가 해독제였을 것이고 덕분에 중추신경까지 손상을 받진 않은 것 같아요. 중추신경이 다쳤다면 몸이 마비가 되거나 말을 하지 못하는 상태에까지 이르렀을 테니까요. 말초신경을 다쳤기에 몸 이곳저곳이 불편한 정도로 증상이 멈추게 된 것 같아요."

배현석 선생님 말씀이 생각났다. 나는 아마 신경을 다쳤을 거라고 하셨다. 그리고 신경이 다치면서 근육들이 눌러지고 수축되면서 몸이 긴장하는 것이라고 하셨다. 그 당시 너무나 큰 충격으로 몸이 굳은 데다 그러한 이유로 속근육들까지도 굳어버려서 온몸이 긴장 상태가 된 것이라고 하셨다.

"신경 청소… 요?"
"네! 신경도 늙는답니다. 그래서 청소하고 관리를 해줘야지 젊고 건강한 신경을 유지할 수 있어요. 게르마늄은 신경 세포의 건강과 기능을 향상시켜 주어 젊은 신경을 갖도록 해주죠. 때문에 저희는 일반 찜질방이 아닌 이 게르마늄 찜질방을 운영하고 있답니다."

저 돌덩이가 무슨 재주가 그리 많길래 체내 독소도 빼준다 하질 않나 신경도 젊게 만들어 준다고 하질 않나…. 약간 사기 아닌가 하는 생각도 잠시 들었지만 엄마의 성의를 무시할 수 없어 반신반의하며 찜질방으로 들어갔다.

아프고 난 뒤로 조금만 답답함을 느끼면 버틸 수 없어 사우나나 찜질방을 가는 것은 엄두도 못 내었다. 그래서 걱정을 하였는데 다행히도 건식인 데다 온도도 그리 높지 않아 괜찮겠다 생각하였다. 하지만 들어간 지 10분도 되지 않아 나는 답답함을 느꼈고 버틸 수 없어 바로 나왔다.

그런데 그 순간 내 머리에서 딱 소리가 들렸다.

사실 나에겐 사고 이후로 한 가지 습관이 생겼는데 바로 머리에서 딱 소리가 난다는 것이다. 옆 사람도 들을 정도로 큰 소리로 말이다. 근데 그 소리가 나면 그렇게 개운할 수가 없다. 배현석 선생님께서는 그러한 경우는 처음 접해보신다며 정확한 것은 아니지만 아마도 근육이 눌리면서 혈관도 같이 눌러졌고 그렇게 눌려 있던 혈관으로 산소가 공급될 때 나는 소리인 것 같다고 하셨다.

그 소리가 찜질방에서 나오자마자 들리는 것이다.

그날 이후로도 찜질방을 다녀올 때마다 나는 머리에서 딱 소리가 여러 번 났고 그때마다 통증이 사라지고 개운해지는 느낌을 받았다. 정확한 이유는 모르겠지만 내게는 사장님이 말씀하신 것들 말고도 그 찜질방을 애용해야 할 이유가 한 가지 더 있었던 것 같다.

설령 내 생각과 달리 그 찜질방이 사실은 내게 아무 효능이 없었다 할지라도 나는 그 시간들을 후회하지 않는다. 아니 오히려 정말 감사하다. 어쩌면 그때의 나를 치유한 건 찜질방이 아니라 가족의 사랑이었을지도 모른다. 우리 가족이 내게 주는 사랑은 내 억울함과 분노와 처절함 그 모든 감정들을 덮어낼 정도의 사랑이었다. 그런 사랑 아래서 나는 치유되고 있었던 것 같다.

## 한복 자락에 감춘
## 아픔과 용기

부모님의 노력에 답하고 싶어 나도 나 스스로 자신을 돌보고 챙길 수 있는 것들을 찾아 나서기 시작했다. 처음엔 책상에 가만히 앉아 생각해 보는데 통증만 올라올 뿐 도무지 답이 나오지 않아 답답했다. 하지만 이내 생각해 보니 이전에 상담을 받으면서 센터 선생님께서 권하셨던 것들이 있었다. 선생님은 내게 음악이나 춤을 배워볼 것을 권하셨었다. 그런 활동들이 마음 치유에 아주 좋다고 하시면서 분명 상처 회복에 도움이 될 거라고 하셨다. 특히 그 말씀이 기억에 남았다.

"설아 님과 이야기를 하면 늘 느끼던 부분이 있어요. 설아 님의 인생에는 공부와 일밖에 없어 보여요. 그것들만이 인생의 전부가 아니에요. 때문에 공부와 일을 할 수 없는 설아 님이 지금 더 힘드신 것일 수도 있어요. 기회가 된다면 꼭 생산

적인 일을 해야만 한다는 생각을 버리고 당장 내 인생에 도움이 될 것 같지는 않은, 설아 님 입장에서 시시해 보이는 그런 활동들을 해보시는 게 어떨까요? 음… 그래요! 이참에 취미를 가져봐요. 여러 개일수록 좋아요. 지금까지 설아 님은 취미를 가져보신 적이 없다고 하셨잖아요. 일회성으로 끝나도 좋으니 시도를 해보는 것에 의미를 두어봐요."

선생님의 조언을 떠올리며 나는 당장 종이 한 장을 꺼냈다. 그리고 하고 싶은 것들을 적어 내려가기 시작했다. 아프기 전에는 그런 건 쓸데없고 의미 없다고만 생각했는데 지금은 그게 나를 살릴 수도 있다고 생각하니 자세를 고쳐잡고 적극적으로 써 내려갔다. 신기한 것은 생각보다 수월하게 써졌다는 것이다. 생각보다 내가 하고 싶은 일들이 꽤 많았다.

길거리에서 버스킹하기
방송댄스 배워보기
작사랑 작곡 배우기
피아노로 대중가요 연주하기
한복모델로 활동해 보기
공방 다녀보기
유튜브 영상 찍어서 올리기

순간 그렇게 신이 나서 쓰고 있는 나를 발견하고는 어이가 없었다. 결국에는 어떤 것도 하지 않을 거면서 열심히 쓰는 나 자신이 웃겨 보였기 때문이다.

그랬다. 그때까지만 해도 나는 실현되지 않을, 겨우 종이 한 장 버린 일에 그칠 줄 알았다.

며칠 뒤, 남자친구와 데이트를 하던 중 우연히 대한민국한복모델선발대회 포스터를 보게 되었다. 호기심에 가까이 다가가 살펴보던 내 모습을 보고, 남자친구는 내가 관심 있어 한다고 생각했는지 장난스럽게 "지원해 보는 건 어때?"라며 나를 부추겼다.

처음엔 괜찮아라고 했지만 그날 데이트를 해서 기분이 좋아서였을까 나도 모르게 지원서를 들고 집으로 와버렸다. 그래 이렇게 된 거 재미 삼아 해보지라는 생각에 나는 지원서를 써서 내버렸고 어차피 떨어지겠지 하고 있었는데 이게 웬걸 내가 예선에 붙었다는 것이다. 어안이 벙벙한 채로 이제 어쩌지 하다가 이건 뭔가 나를 찾으라는 신의 계시 같아서 적극 참여하기로 결정을 내렸다. 그 계기로 프로필 사진도 찍고 한복 피팅도 해보고 한국 무용도 배워보는 등 태어나 처음 가져보는 신기한 경험들을 하게 되었다.

그렇게 정신을 차려보니 어느덧 나는 본선 무대에 오르고 있었다. 포즈를 취하며 한 발 한 발 내딛는데 통증이 조금씩 올라오기 시작했다. 그래, 더 욕심내지 말고 여기서 만족하자 어차피 재미로 한 거잖아라며 무대를 마쳤고 통증을 이겨내고 본선을 무사히 마쳤다는 것으로만 만족하려 했는데 이게 또 웬걸 본선에서도 합격했다는 것이다. 그렇게 결선 무대까지 오르고 한복모델 인증서를 받고 집으로 돌아오는데 통증이 심해 너무 아팠음에도 가슴이 정말 벅찼다. 내가 대한선 한복모델이 되었다는 사실 자체도 기뻤지만, 무엇보다도 무의미하게 느껴졌던 하루하루 속에서 오랜만에 성취감을 느꼈다는 점이 더욱 뜻깊게 다가왔기 때문이다.

그러던 어느 날 SNS에 해당 대회 관련 게시글이 올라와 있는 것을 발견하였다.

"○○ 한복 패션쇼 지원자 모집"

게시글을 찬찬히 읽어보던 중 나는 마음 한쪽이 뜨거워지는 것을 느꼈다. 너무 지원해 보고 싶었다. 내가 만약 저 패션쇼에 서서 런웨이를 제대로 끝마친다면 스스로 큰 성취감을 느끼고 한층 더 발전할 수 있을 것 같았다. 남자친구가 그랬다. 한 번에 큰 성취를 이루려 하기보다 작은 성취를 하나씩 이루어 가다 보면 그게 큰 성취감으로 다가올 수 있고 또 다른 성취를 이룰 수 있는 힘이 될 것이라고. 어쩌면 이 패션쇼가 내게 그런 기회가 될 수 있겠다 싶어 나는 지원서를 제출했다.

"합격입니다."
아싸! 나 한복모델 한설아 패션쇼 서러 간다!!

패션쇼 당일. 내게는 차를 타고 인천까지 향하는 것부터가 작은 도전이었다. 도착해서 헤어와 메이크업을 받는 것도 내게는 도전이었고 한복으로 갈아입고 리허설을 마치는 것까지도 도전이었다. 새벽에 일어나서 패션쇼에 서기 전까지의 모든 과정 하나하나가 내게는 도전이었다. 하지만 잘 해내고 싶은 마음으로 가득 찼던 나는 두려워하지 않기로 했다.
"설아 님 옷 갈아입으러 가실게요!"
"우와 이거 제가 입고 싶었던 한복이에요!!!"
세상에 내가 너무나 입고 싶었던 초록색의 현대 당의가 내가 입을 옷이라고 한다. 잠시 후, 패션쇼가 시작되고 내 차례가 되었다. 지금도 그때를 생각하니 떨린다.

쓰리, 투, 원 고우!
한 발 한 발 나는 자신감 있게 당차게 걸어갔다. 내가 조선의 국모요 하듯이 말이다. 많은 사람들이 박수를 치기도 하고 환호를 해주기도 하였다. 저 멀리 나를 향해 손을 흔드는 아빠와 남자친구가 보인다. 하지만 흔들림 없이 나는 계속 앞으로 나아갔다. 런웨이를 하는 동안 나는 정말 행복하고 감사했다. 많은 생각들이 스쳐 지나갔다. 내 많은 상처들이 넓은 치마 아래 감춰진 채, 마치 그런 아픔이 없었던 사람처럼 흔들림 없이 앞으로 걸어가는 내 모습이, 앞으로도 그렇게 살아가라는 신의 계시처럼 느껴져 눈물이 날 것만 같았다. 하지만 꾹 참고 나는 무사히 런웨이를 마쳤다.

내가 해냈어. 내가, 내가 해냈어!

그 어느 때보다 행복했다. 이제 나는 한층 더 성장한 것이다. 오늘부로 내가 이루고 싶은 목표들에 조금은 더 가까워진 것 같았다. 사람들의 박수와 환호 속에서 패션쇼가 성공적으로 끝나고 구경 온 사람들과 사진을 찍는 시간이 주어졌다. 어린아이부터 외국인까지 남녀노소 할 것 없이 내게 사진 요청을 해왔고 나는 그날 태어나 처음으로 그렇게 많은 사람들에게서 사랑을 받아보았다. 그날, 나는 내가 이렇게나 많은 사랑을 받을 자격이 있는 사람임을 깨달았다. 내 아픈 상처들이 아름다운 치마 속에 감춰지며 더 이상 나를 짓누르지 않는 듯했다. 마치 새로운 나로 거듭난 기분에 가슴이 벅차올랐고, 세상을 향해 더 당당히 나아갈 용기를 얻었다. 정말 행복한 하루였다.

# 나의 목소리가 들려

새로운 것에 도전을 하고 나니 한층 기분도 좋아지고 통증을 이겨내는 힘도 더 강해지는 것 같은 생각에 이전에 적었던 리스트를 꺼내서 그곳에 적힌 것들을 하나씩 해보기로 결심했다.

먼저 버스킹 글자가 눈에 들어왔다. 사실 어려서부터 노래 부르는 것을 좋아해 늘 버스킹을 하고 싶었다. 하지만 겨울이고 몸이 아픈 것을 감안했을 때 버스킹은 무리이다 싶어 다른 것을 생각해 보다가 전에 SNS에서 광고하던 보컬 동호회를 떠올리게 되었다. 그렇게 동호회에 가입하고 나니 더 용기가 생겼고 이내 나는 작사 수업도 신청하고 피아노 학원도 등록하였다. 아 맞다, 댄스 수업도 신청하였다.

월 작사 수업

수 피아노 수업

금 댄스 수업

토 보컬 동호회

그렇게 내게는 아프고 난 이후로 처음으로 제대로 된 시간표라는 게 생겼다. 늘 아파서 뭐 하나 계획 세우기도 어려웠고 막상 계획을 세우기에도 마땅히 적을만한 것도 없었는데 이런 날도 오는구나란 생각에 기분이 좋았다. 내게 일어나서 움직여야 할 이유들이 생긴 것에 너무 감사했고 어딘가에 소속될 수 있다는 생각에 설레었던 것 같다.

물론 걱정도 되었다. 아직 취미 생활을 마음껏 즐길 만큼 몸 상태가 좋지는 않다는 생각이 들었기 때문이다. 어쩌면 내가 생각한 만큼, 계획한 대로 모든 일이 진행되지 않을지도 모른다는 약간의 불안함도 있었다. 그럼에도 불구하고 괜찮았다. 활력을 되찾고, 내 얼굴에 생기가 돌며, 매일 아침 설레는 마음으로 일어나는 것만으로도 충분히 감사하고 행복했기 때문이다.

예전에는 잠을 자고 아침에 눈을 뜨는 것조차 힘들었다. 눈을 감으면 시작될 내일이, 눈을 뜨면 시작될 오늘이 전혀 기대

되지 않았었다. 그때를 떠올리면, 지금 이 순간이 얼마나 행복한지 실감하게 된다. 그래서 만약 내가 계획한 대로 되지 못한다 해도 그렇게 아쉽진 않을 것 같다. 중요한 것은, 이 모든 취미 생활이 어떤 목표를 달성하기 위해서나, 누군가에게 자랑하기 위해서가 아니라 오직 나 자신만을 위해, 내 마음의 건강을 위해 계획된 것이라는 점이다. 그러니 잠시 즐기다가 그만두어도 좋고, 하루만 다녀와도 분명 내겐 도움이 될 것이다.

그렇게 월요일이 왔고 나의 시간표의 처음을 시작하는 마음은 몹시 들떴다. 떨리는 마음으로 학원 문을 열고 들어서자, 방 안 곳곳에 각종 악기와 음악 기구들이 정돈되어 놓여 있었다. 그 모든 것들이 마치 음악의 세계로 나를 초대하는 듯한 느낌을 주었고, 그 순간 나는 이 공간이 주는 특별한 분위기에 감싸인 채 새로운 도전에 대한 설렘이 가득 차오르는 것을 느꼈다.

선생님은 나를 반갑게 맞이해 주셨고 간단한 소개 후 첫 수업이 시작되었다. 신기했다. 처음에 작사 수업을 신청할 때만 해도 작사라는 것이 단지 글 조금 끄적이는 것일 뿐 그게 내게 어떠한 변화를 줄 정도는 안 된다고 생각했었다. 그런데 그날 1시간의 수업은 마치 내 마음을 따스하게 어루만져 주는 듯한 느낌을 주었고, 예상치 못한 방식으로 나에게 깊은 영향을 미쳤다.

수업이 진행된 지 2주도 안 되었을 무렵 나는 5곡이나 만들었다. 그동안 하고 싶었던 말들이 얼마나 많았으면 앉은 자리에서 1곡을 뚝딱 만들어 내기도 했을 정도였다. 펜을 놓아도 적고 싶은 말들이 생각났다. 지금 생각해 보니 그 모든 시간들이 내게는 치유의 시간들이었던 것 같다. 하루는 분노를 표출하는 가사를 써보기도 하고 하루는 행복을 노래하는 가사를 쓰기도 하고 또 하루는 활활 타오르는 촛불을 보다 영감을 얻어 곡을 쓰는 등 그 시간들을 통해 내 마음은 점점 더 건강해져 갔던 것 같다.

수요일은 피아노 수업이 있는 날이다. 사실 피아노는 막 배우고 싶은 마음이 강했다기보다는 두뇌 활성화에 좋다는 말에 리스트에 적어놓았던 거라 학원으로 향하는 마음이 그리 크게 설레거나 떨리진 않았다. 그런데 이게 웬걸. 나는 피아노를 시작한 지 한 달도 안 되어서 집에 전자피아노를 사들였다. 나는 아침에 일어나기만 하면 곧장 피아노 앞으로 달려가 내가 쓴 곡에 리듬을 붙여 상상의 나래를 펼쳐보았다.

피아노에 재미를 붙이게 된 데에는 아마 피아노 그 자체보다는 선생님 덕분이었을 것이다. 처음에는 그저 머리에 좋다는 말에 호기심에 시작했지만, 어느 순간부터 피아노 수업이 있는 날이 기다려지기 시작했다. 선생님과 함께 시간을 보내며 나누는 대화가 점점 더 즐거워졌고, 수업이 끝나고 나서도 그 기분이 오래도록 여운처럼 남았다. 그런 걸 보면, 선생님이 내게 주시는 따뜻한 에너지와 긍정적인 기운이 나에게 많은 영향을 끼친 것 같다. 언제부턴가 피아노가 즐거운 취미가 되었을 뿐만 아니라, 선생님과 함께하는 시간도 나에게 큰 힘이 되고 있다는 걸 느끼기 시작했다.

선생님은 나와 나이가 같으셨지만, 오히려 나보다 더 어려 보이실 정도로 동안이셨고, 같은 여자가 봐도 사랑스럽고 귀여운 분이셨다. 사람을 편안하게 해주시고, 내가 어려운 얘기를 할 때도 꼬치꼬치 묻지 않으시며, 색안경을 끼고 보지도 않으셨다. 나를 있는 그대로 받아주시고, 배려해 주시며, 나에게 맞는 방식으로 수업을 이끌어 주시는 선생님 덕분에 치유의 느낌을 받았다. 그 덕분에 선생님과 함께 피아노를 치는 시간만큼은 과거의 기억에서 벗어나, 오로지 나 자신과 그 순간에만 집중할 수 있어 정말 좋았다.

어느덧 댄스 수업을 신청한 날이 왔고 학원 문 앞까지 왔음에도 좀처럼 발이 떨어지지 않았다. 참고로 나는 몸치이다. 그것도 타고난 몸치, 그런 내가 과연 이 수업을 하루라도 잘 끝마칠 수 있을까 싶어 지금이라도 취소를 해야 하나 싶은 생각에 망설이고 있었다. 하지만 댄스 수업을 신청한 이유를 다시 한번 상기시키고 용기를 내어 발을 뗐다. 나는 춤을 잘 추기 위해서가 아니라 몸의 근육을 풀어주기 위해 온 것임을 명심하자 하며 문을 열었다. 사실 그런 이유에서라면 운동을 하면 되는 건데 나에겐 필라테스나 헬스도 버거웠고 그저 걷는 것은 좀처럼 의욕이 나지 않아 힘들었기에 재미를 붙일만한 운동을 찾는 와중에 댄스를 생각하게 된 것도 있었다.

몸치이지, 몸도 아프지 당연히 내가 추는 춤은 거의 율동 수준에 가까웠다. 그럼에도 불구하고 거울에 비친 내 얼굴에는 웃음이 가득했다. 춤을 추고 있는 내가 그토록 행복해 보였다는 사실에, 나조차 놀라울 정도였다. 춤을 출 때, 나는 세상 그 어떤 것보다 자유롭고, 온전히 나 자신이 되는 느낌이었다. 의도치 않게 몸과 마음이 치유되는 경험을 하게 되었고, 그 순간 나는 진정으로 행복함을 느꼈다. 마음속 깊은 곳에서부터 우러나오는 그 기쁨은, 춤을 추는 것만으로도 내 삶을 다시 채워주는 듯했다.

드디어 토요일이 왔다. 내가 가장 기다려온 날이었다. 단순히 노래를 좋아해서, 또는 노래를 잘 부르고 싶어서가 아니었다. 나는 절박한 마음으로 이날을 기다려 왔다. 그 사고로 한동안 목소리를 잃고, 내가 가장 사랑하는 노래를 부를 수 없었던 시간이 너무 길게 느껴졌다. 그동안 가슴속에만 담아두었던 노래들이 내게 얼마나 큰 의미였는지, 이제야 깨달을 수 있었다. 오늘, 다시 내 목소리를 되찾고, 그토록 갈망했던 노래를 부를 수 있다는 것, 그 자체가 나에게는 기적과도 같았다. 그래서 내 목소리를 다시 가다듬는 이 순간이 너무나도 감격스러웠고, 그 어떤 말로도 표현할 수 없을 만큼 가슴이 벅차올랐다.

하지만 겁도 났다. 사고 이후로 목소리를 내는 것조차 많은 힘이 들었기 때문에, 친구들과 수다를 떠는 것도 10분 이상 지속하기가 어려웠다. 그런 내가 노래를 부르려면 그 어느 때보다 목소리를 크게 내야 했고, 그것은 나를 불안하게 만들었다. 그나마 시간이 많이 지나면서 이전보다는 목소리에 힘이 생겼고, 괜찮아지지 않을까 하는 생각이 들었기에, 그런 불안한 마음을 애써 누를 수 있었다.

그러나 역시 목소리가 잘 나오지 않았다. 노래를 부르는 내내 입술이 파르르 떨리고, 온몸에 긴장이 들어가면서 한쪽 귀가 먹먹해졌다. 그럴수록 더욱 절박한 마음으로 노래를 불렀다. 사고 이후로 코어 힘이 완전히 빠져버린 상태라는 것을 병원에서 들었기에, 몸의 중심을 다시 찾기 위해 열심히 노력했다. 배의 힘을 키우기 위해 보컬 선생님의 복식 호흡을 따라

하며 꾸준히 연습했고, 발성도 배우고 입 근육을 잘 움직이는 연습을 반복했다. 그렇게 조금씩, 아주 조금씩 나아지는 나 자신을 느낄 수 있었다. 매일 조금씩 쌓이는 성취감과, 내가 다시 일어설 수 있다는 희망이 내 마음을 채워갔다. 내 목소리를 되찾기 위한 그 여정은 정말 쉽지 않았지만, 그 모든 과정이 나에게 얼마나 소중하고 값진 시간이었는지 모른다.

그렇게 어느덧 공연 날이 되었다. 지인들만 초대하여 진행되는 작은 공연이었지만, 나는 혹시 목소리가 나오지 않을까 봐 긴장이 잔뜩 되었다. 인터뷰를 하는 순간에도 단체곡을 부를 때도 그 긴장감은 계속해서 나를 에워쌌다. 그럴 때마다 맨 앞에 앉아 나를 바라보고 있는 남자친구의 눈빛이 나를 다독이고 진정시켜 주었다. 어느덧 내 개인곡 순서가 되었고 무대에 오른 나는 깊이 숨을 한 번 들이쉬고 조용히 눈을 감았다. 그 순간, 모든 것이 멈춘 듯했고 그 공간엔 나와 남자친구만이 있는 듯했다. 그러자 나를 에워쌌던 모든 불안과 긴장감에서 자유로워져 나는 오롯이 나의 목소리에만 집중할 수 있게 되었다. 한 음 한 음, 내 마음 깊숙이 있는 진심을 담아 노래를 불렀다.

남자친구를 처음 만난 후, 그에게 제대로 노래를 불러주기까지 정말 긴 시간이 걸렸다. 말로는 다 표현할 수 없을 만큼 아프고, 치열하게 통증과 싸우며 때로는 처절하게 무너지기도 했던 시간들의 연속이었다. 그 힘든 순간들 속에서 남자친구는 언제나 내 곁에 있었고, 나의 고통을 함께 나누며 지켜주었다. 그 시간을 지나, 이제 이렇게 남자친구를 보며 노래를 부를 수 있다는 사실에 눈물이 날 것만 같았다. 내가 이렇게 좋아져서, 남자친구에게 나의 노래를 들려줄 수 있게 된 것이 나에게는 기적처럼 아름답고, 더할 나위 없이 큰 행복이었다.

# 심리학,
# 내 마음의 열쇠가 되어

"와… 세상에…!"

저번에 그냥 한번 도전해 보자는 마음으로 별다른 기대 없이 본 토익 시험에서 예상보다 높은 점수를 받게 되었다. 사실 아프기 전에는 더 좋은 성적도 있었던 나였기에, 이 성적에 실망할 수도 있을 거라 생각했지만, 오히려 나는 기분이 너무 좋았다. 아프고 난 뒤로는 무엇을 해도 통증 때문에 오래 집중하는 것이 힘들어 공부는 물론 시험을 보러 가는 것도 쉽지 않았다. 그래서 큰 기대 없이 시험을 봤던 것이었는데, 예상보다 좋은 성적을 받으면서 내가 많이 나아졌다는 것을 느낄 수 있었고, 그 점이 너무 기뻤다.

당연히 준비는 했다. 다만 남들이 보기엔 준비라고 말하기 민망할 만큼 턱없이 부족한 시간으로 말이다. 딱 하루 2시간만 공부했다. 그 시간이 통증을 이겨내며 버틸 수 있는 최대 공부 시간이었기에 그 시간만큼이라도 꾸준히 공부했다. 그러나 막상 시험을 보려 할 때마다 자신이 없어 계속 미루기 일쑤였다. 그러다 어느 날, 성적에 상관없이 도전해 보는 것에 의미를 두자는 생각으로 별 기대 없이 시험을 보러 갔는데, 세상에 생각보다 좋은 성적을 받게 된 것이다.

 막상 시험 성적이 좋으니 다시 취업을 하고 싶어지는 욕심이 생겼다. 생각해 보니 이전보다 건강도 많이 좋아졌고 통증도 훨씬 덜하고 이만하면 참고 일할만하다고도 생각이 들었다. 벌써 회사를 그만둔 지도 6개월이 넘었기 때문에 다시 일을 해야 한다는 압박감도 있었다. 모은 돈도 떨어져 가고 서른이 넘은 나이에 집에서 부모님께 의지하려니 너무 죄송한 마음까지 있었기에 서둘러 다시 취업을 하자고 결심했다. 그길로 서둘러 채용 사이트에 들어가 공고를 확인하기 시작했다.
 하지만 확인을 하면 할수록 겁이 났다. 먹고 있는 약에 수면 유도제가 있어 늘 아침에 늦게 일어나고 일어나서도 한동안 멍한 채로 있는 내가 아침 일찍 일어나 9시까지 지옥철을 타고 회사로 출근할 수 있을지 걱정이 들었다. 또 공고에 상세히 적힌 맡을 업무들을 훑는데 자꾸만 더 불안해졌다. 과연 이제 간신히 일상생활을 시작한 내가 복잡한 업무와 많은 사람들로 둘러싸인 사회생활을 통증을 이겨내 가며 버텨낼 수 있을까…. 설령 취업에 성공한다고 해도 얼마 못 가 다시 저번처럼 그만두게 될 것 같았다. 그런 생각은 나를 점점 무기력하고 우울하게 만들었다. 취미 생활을 하며 일상에서 간신히 잠재워 놨던 우울감이 다시 마음 깊은 곳에서부터 빠르게 밀려오기 시작했다.

"심리학 공부를 해보는 건 어때?"
그렇게 울적한 마음으로 하루하루를 무력하게 보내며 아픈 몸으로 무엇을 할 수 있을지 고민하던 중, 남자친구가 심리상담사를 추천하며 심리학 공부를 제안하였다.
사실 처음엔 반갑지 않았다. 나는 회사를 가고 싶고 내가 그간 준비한 경력과 자격증들을 적극 활용하고 싶은데 갑자기 생뚱맞게 심리상담사라니 심리학 공부라니 별로 반갑지 않았다.
그런 나를 남자친구가 설득하기 시작했다.
"그동안 상담도 많이 받아보았고 무엇보다 상담소로 찾아오는 이들과 비슷한 정도의 아픔을 겪어보았기 때문에 누구보다 이들을 상담할 때 진정성 있게 해줄 수 있을 것 같아. 만약 상담사로 활동한다면 어쩌면 과거의 사고가 너의 오점이 아니라 영광의 상처가 될 수도 있잖아."
남자친구의 말을 들으니 모두 맞는 말이긴 했다. 하지만 선뜻 마음이 내키지 않아 좀 더 생각을 해보겠다 말했다.

침대에 누워 나의 미래에 대해 처음부터 하나씩 다시 생각해 보기 시작했다. 나는 아픈 환자이다. 그런 내가 내 욕심대로 회사를 다니며 일을 하기란 사실 지금으로서는 불가능에 가깝다. 그 사실을 인정해야만 했다. 너무나도 인정하기가 싫었지만 그렇다고 내가 오기 부린다고 해결될 일이 아니었기에 이내 나는 어쩔 수 없이 잠시 동안은 회사로 취업을 해야겠다는 마음을 버려야만 했다.

그러고 나니 남자친구의 제안이 조금 들리기 시작했다. 어떻게 보면 내겐 선택지가 없는 것도 같았다. 언제까지 부모님께 손 벌릴 수도 없는 노릇이고 내가 할 수 있는 일이 있다면 지금은 뭐라도 하고 싶은 심정이었기에 나는 그 제안에 대해 깊이 생각해 보기 시작했다. 누구나 하고 싶은 대로 다 하며 살 수 있는 게 아님을 이제는 아는 나이이다. 그렇게 보면 생소하고 와닿지 않는다는 이유로 무조건 거부하는 것도 답은 아니다 생각했다. 상담…. 그게 내가 할 수 있고 해야 하는 일이라면 그걸 목표로 심리학 공부를 해보는 것도 꽤 좋은 생각 같았다.

그러고 보니 내 가장 가까이에서 심리학 공부를 하는 이가 있었다. 바로 우리 아빠다. 아빠는 딸의 마음 치료에 조금이라도 도움이 되었으면 하는 마음에 작년부터 사이버대학교에 편입해 심리학 공부를 시작하셨다. 아빠는 이 공부가 무지 재밌다며 기회가 된다면 나도 해보면 좋겠다는 말씀을 종종 하셨었다. 그뿐만 아니라 예전에 센터 선생님께서도 내가 상담사가 되면 정말 많은 도움이 될 것 같다고 말씀하신 적이 있으셨다. 어쩌면 심리학이라는 학문이 나와 그렇게 관련 없는 것은 아닌 것 같았다. 이렇게 생각하니 남자친구의 제안이 마음에 와닿았고 나는 아빠처럼 사이버대학교에 편입해 공부를 시작해 보기로 결정을 내렸다.

어느덧 3월이 되고 강의가 시작되었다. 나는 강의를 듣기에 앞서 걱정이 또 앞섰다. 하루 2시간의 토익 공부도 간신히 해냈는데 4개월이라는 대장정을 잘 해낼 수 있을지 걱정이 들었기 때문이다. 토익은 과목이 하나뿐이었지만 대학 수업은 과목이 여러 개였기에 내가 통증을 이겨내며 수업에 온전히 집중할 수 있을지 또 4개월이라는 시간 동안 꾸준히 수업에 임할 수 있을지 정말 걱정이 되었다.
그렇게 첫 주를 보냈는데 다행히도 조금만 신경을 쓰면 머리가 지끈지끈 아팠던 과거와 다르게 어려운 부분이 나와서 이해를 하느라 머리를 쓰게 되어도 통증을 느끼지 않았다. 신기하게도 공부를 하면 할수록 머리를 쓰면 쓸수록 하루가 다르게 나의 몸은 더욱더 좋아지고 있었다. 이유는 잘 몰랐지만 분명한 건 나는 그 어느 때보다 회복되는 속도가 빨랐다는 점이다.

그런 나의 회복 속도에 나도 놀랐지만 배현석 선생님도 매우 많이 놀라셨다.
"이렇게 몸이 빨리 좋아지다니 너무 다행이에요. 그럼 오늘부터 약을 줄여보도록 합시다!"
그날부터 나는 약을 줄이기 시작했다. 물론 이번에는 천천히 조금씩.

그렇게 약을 줄이기 시작하면서 우리 가족은 걱정을 많이 했다. 전처럼 몸이 안 좋아질까 봐. 하지만 우리의 우려와 다르게 몸 상태는 오히려 더 좋아졌다. 힘을 받은 나는 조금씩 공부량을 늘려보았다. 이게 웬걸! 약을 줄이면서도 공부량을 늘려도 나의 상태에는 문제가 없었고 오히려 좋아지고 있었다. 그 뒤로 나는 무리하지 않는 선에서 조금씩 용기를 내보았다. 그랬더니 이러한 삶에 적응이 되는 정도가 아니라 즐기고 있다고 하는 게 더 맞는 표현일 정도로 나는 나의 삶에 빠져들었다.

무엇보다 내가 하고 있는 공부가 심리학이라는 게 다행이라 생각이 들 정도로 나는 점점 이 학문이 좋아졌다. 이것은 단순히 공부해야 하는 과목의 의미를 넘어서 나를 치유해 주는 길이 되기도 했기 때문이다. 가끔은 공부를 하는 건지 상담을 받는 건지 헷갈릴 정도로 교수님들의 말씀 한마디 한마디에 위로가 되기도 했었다. 나보다 더 아픈 사람들이 있다는 것도 알게 되었고 이 심리학이 가진 힘과 소중함이 얼마나 큰 건지도 점점 깨달아 가고 있었다. 지금 생각해 보면 이때의 공부는 내 마음의 그릇을 키우고 나를 한층 더 성장시킨 계기가 되지 않았나 싶다. 이때 이후로 세상을 바라보는 관점도 조금씩 바뀌기 시작했다.

나는 이런 나의 얘기를 배현석 선생님께 재잘거리며 말하였고 선생님은 그럴 때마다 웃으셨다.

"아마 환자분은 성취감을 중요시 여기는 사람인데 그간 방황을 하다가 공부를 시작하면서 자리를 잡은 느낌도 들고 미래가 조금 더 확실히 보이는 느낌까지 받으니 자신감이 생기면서 더 건강해진 것 같아요. 이대로만 잘 유지해 나간다면 그리고 지금처럼 천천히 해나간다면 완치되는 날이 생각보다 더 빨리 올 수도 있겠어요. 희망을 가집시다!"

그 말을 듣고 집으로 돌아가는 길에 나는 눈물을 멈출 수 없었다. 그것은 감격의 눈물이었다. 나는 내가 완전히 나을 수 없을 거라고, 아니, 설령 나아지더라도 그날이 오기까지 너무 오랜 시간이 걸릴 것이라고 믿었다. 그런데 그날이, 바로 그날이 곧 다가온다고 하니, 내 가슴은 터질 듯이 뛰기 시작했다. 그 모든 아픔을 견디며 기다려 온 시간이 드디어 의미를 가지게 되는 순간이었다.

# 5장

# 잃어버린 무지개가 배달 왔습니다

# 다시, 두 알

"그럼 조금 더 줄여보도록 하죠!"
선생님은 웃으시며 2주 뒤에 뵙자고 하셨다.

그렇게 받아온 두 알. 집에 다시 내려온 지 1년 만에, 나는 다시 이전처럼 약을 먹을 수 있게 되었다. 그 순간, 제자리로 돌아왔다는 생각에 가슴이 벅차올랐다. 말로 표현할 수 없는 기쁨이 내 안에서 넘쳐흘렀고, 미소가 저절로 번졌다. 그런데 갑자기 눈물이 터져 나왔다. 수많은 날들이 내 앞을 스쳐 지나갔다. 다시 약이 여덟 알로 늘어났던 그날, 센터에서 내 아픈 과거를 마주하며 온몸이 떨릴 정도로 울었던 그날, 모두가 앞을 향해 나아가고 있는 가운데 나만 홀로 남겨진 것처럼 외로웠던 날들, 절망감 속에서 끝없이 추락할 것만 같았던 그 모든 시간들이 주마등처럼 지나갔다. 그 순간순간들 중 어느 날도, 최선을 다하지 않은 날이 없었다. 어느 날도, 삶을 놓지 않으려고 발버둥 치지 않은 날이 없었다. 그리고 그 모든 날들이 모여, 결국 나는 다시 제자리로 돌아와 희망을 품을 수 있게 되었다. 그 사실 하나에, 나는 가슴 깊이 감격스러움을 느꼈다. 그동안의 눈물과 아픔이 모두 나를 여기까지 이끌어 온 소중한 흔적이라는 생각에, 눈물이 또다시 흘렀다.

희망을 품자, 그 희망은 마치 내 마음속 깊은 곳에서부터 차오르듯 서서히 뿌리내리기 시작했다. 그리고 그 희망은 내 안에 용기를 불어넣으며 점점 더 커져갔고 그 용기는 나를 다시 일으켜 세우는 자신감이 되었다. 마치 내 삶의 새로운 장이 열리는 듯한 느낌을 받았다. 이제 나는 정말로 다시 시작할 수 있을 것만 같은 희망에 휩싸였고, 곧바로라도 취업을 할 수 있을 것 같은 자신감이 내 안에서 솟구쳤다.

이전에는 내 몸과 마음이 다 회복되지 않을 것 같아서, 점차 포기하게 되는 순간들이 많았다. 그러면서도 내면에서는 자신을 일으켜 세우고 싶다는 갈망이 있었지만, 현실이 녹록지 않아 한 걸음씩 나아가는 것조차 두려웠다. 그러나 지금, 약이 두 알로 줄어든 지금은 모든 것이 달라졌다. 그동안 참아왔던 시간들이 이제는 하나하나 지나가며 끝이 보이기 시작했다.

나를 가두고 있었던 벽들이 조금씩 무너져 내리고, 나의 삶에 다시 빛이 비치는 느낌이었다. 이제는 내가 다시 일어설 수 있다는 확신이 내 안에 깊이 자리 잡았다. 그 가능성이 내 앞에 펼쳐지는 것을 보고, 나는 앞으로의 나날들이 얼마나 다채롭고, 의미 있는 시간이 될지에 대한 기대감으로 가슴이 뛰었다. 그동안 참았던 시간이 헛되지 않았음을, 이제야 진정으로 느끼게 되었다.

2주 뒤, 다시 선생님을 뵈었을 땐 나는 한층 더 상기된 표정과 들뜬 마음으로 말을 꺼냈다.
"선생님, 저 취업하려고요! 이제는 해도 되죠?"

하지만⋯.

"안 됩니다."

선생님은 여전히 단호하게 반대하셨다. 한 번 선생님의 경고를 무시하고 크게 아팠던 적이 있어서 이번에는 선생님의 반대를 무릅쓸 수가 없었다. 그럼에도 나는 고집을 부렸다.
"저 정말 거의 다 나은 것 같아요. 저 이제 밥도 잘 먹고 잠도 잘 자고 공부도 잘되고 모든 게 원활하게 다 잘 이루어지는 걸요! 선생님 저 나이도 있고 일하고 싶어요. 집에서 공부만 하고 있기에는 심심하기도 하고 부모님께도 많이 죄송해요."
 그런 나의 고집에 선생님은 완강히 반대를 하시다가 조금은 여유를 주시기로 하셨나 보다.
 "그럼 바로 취업은 무리이고 파트타임 일부터 시작해 보세요. 회사를 다닌다는 것은 아프지 않은 일반인들에게도 힘든 일인데 환자분은 아직 완치가 되지 않은 상태이기 때문에 하루 종일 매일 8시간씩 일한다는 것은 지금으로서는 정말 무리입니다. 대신에 주 2회 하루 3시간 정도 하는 알바는 괜찮아요. 시도해 볼 만한 가치도 있고요. 단 힘이 들면 언제든 바로 그만두셔야 합니다. 절대 힘든데도 참고 버티시면 안 돼요. 이 점만 명심하신다면 알바 정도는 하셔도 괜찮아요."

 선생님의 말씀에 울적해졌지만 모두 맞는 말들이었기 때문에 이번에는 선생님의 경고를 받아들이기로 했다. 그래서 당장 취업하고 싶은 마음을 애써 누르고 나는 알바 자리를 알아보기로 하였다.
 그렇게 알바생 모집 공고를 보고 있는데 바로 집에서 1분 거리에 있는 보쌈집에서 서빙 알바를 구한다는 것이다. 사실 알바라고는 과외밖에 안 해보아서 그런 식당 알바는 자신이 없었다. 하지만 최대한 빨리 알바를 해서 잘하는 걸 그리고 문제가 없는 걸 선생님께 하루라도 빨리 증명해 보이고 싶은 마음에 덜컥 지원을 해버렸고 나는 바로 다음 날부터 일을 시작하게 되었다.

역시나 알바를 시작한 지 3일째 되던 날 일을 마치고 집으로 돌아왔는데 몸이 너무 아프기 시작했다. 통증들이 다시 올라오는 것을 느꼈고 잠이 드는 것도 어려워지기 시작했다. 이러다가 큰일 나겠다는 생각에 나는 3일 만에 알바를 그만두었다.

선생님께 이 얘기를 했더니 역시 아직은 무리라며 정 무언가를 해야겠다는 생각이 든다면 운동을 해보는 게 어떻겠냐는 말을 들었다. 단 유산소 운동만이어야 한다고 하셨다. 그 길로 나는 바로 헬스 피티를 신청하였다.

처음 피티를 받게 되던 날, 내 상황을 피티 선생님께 말씀드렸더니 선생님은 내 몸과 마음에 맞추어 아주 간단한 스트레칭과 호흡부터 차근차근 시작해 주셨다. 그때, 나는 선생님이 나를 정말 조심스럽게 다뤄주고 있다는 것을 느꼈다. 무엇보다 선생님은 늘 나를 배려하고 신경 쓰시려고 노력하시며, 그 따뜻한 마음에 정말 감사함을 느꼈다. 그때 선생님을 보며, 나의 롤모델인 뮬란이 떠올랐다. 선생님은 마치 멋진 여전사처럼 강인하고 당당하게 보였고, 그런 모습이 나에게 큰 영감을 주었다. 나의 이야기에 선생님도 개인적인 이야기를 나눠주셨다. 그 이야기를 들으면서, 선생님이 겪어오신 많은 고난과 어려움을 이겨내신 모습이 더욱 존경스럽고 대단하게 느껴졌다. 그런 선생님에게서 운동을 배우는 일이었기에, 나는 점점 더 믿음을 가지게 되었고, 마음도 한결 편안해졌다.

사실, 나는 원래 운동을 정말 싫어했다. 아픈 몸으로 당장 할 수 있는 것도 없었고, 내 치료에 좋다고 해서 어쩔 수 없이 시작한 운동이었다. 처음에는 며칠 하다가 그만두겠지 생각했지만, 선생님의 긍정적인 에너지와 따뜻한 배려가 점차 내게 큰 힘이 되어, 나는 꾸준히 운동을 다니게 되었다. 선생님은 단순히 운동을 가르쳐 주는 것이 아니라, 내 마음까지 치유해 주고 있었다. 그 덕분에 나도 점점 더 강해지고 있다는 느낌이 들었고, 선생님에 대한 감사함은 말로 다 표현할 수 없을 정도였다.

그래서인지 나는 전보다 더 몸과 마음이 좋아졌다. 확실히 운동을 하니 몸이 개운해지고 가벼워지는 것을 느꼈고 선생님과의 대화는 내 마음을 더 단단하게 만들어 주었다. 그래서 나는 그새를 못 참고 다시 알바 자리를 알아보았다. 이번에 구한 알바는 내가 자신 있는 영어 학원에서 초등학생 저학년 친구들을 가르치는 일이었다. 물론 초등학생을 가르치는 것은 처음이었지만 가르치는 것만큼은 자신 있는 나였기에 문제없이 일을 시작할 수 있었다. 매일 일을 한다는 것이 마음에 걸리긴 했지만 그래도 오후 4시간 정도만 일하면 되는 것이고 일의 강도도 높지 않다고 생각해서 이번에는 오래 일해보자 하였다. 그리고 다행히도 한 달이 지나갈 때까지 문제가 없었다. 나는 운동과 알바를 병행했음에도 밥도 잘 먹고 잠도 잘 잤다.

그래서였을까. 나는 욕심을 부렸다. 노래를 다시 배워보고 싶다는 생각이 들었고 근처 학원에 등록하였다. 심지어 학원 게시판에 걸려 있는 밴드 모집 공고에 이름까지 적고 와버렸다. 너무 충동적이긴 했어도 별 무리 없을 거라 생각했기에 크게 걱정하지 않았다. 내가 그렇게 일을 많이 벌린 것은 어서 빨리 내가 다 나았다는 것을 선생님께 증명해서 하루라도 빨리 다시 취업하고 싶었기 때문이었다.

# 사라진
희망의 끈

내가 일을 벌이면 벌일수록 가족도 남자친구도 모두 걱정을 하였다. 배현석 선생님도 그러다 큰일 난다고 겁을 주셨다. 하지만 나의 욕심은 멈출 기미가 안 보였다. 여기서 멈추면 취업을 하기까지 또 얼마나 긴 시간이 걸릴지 모른다는 생각에 나는 멈출 수가 없었다.

그러나 결국엔 나의 욕심을 멈출 수밖에 없게 되었다. 오전에 운동을 하고, 오후에는 알바를, 저녁에는 음악 학원에서 밴드 연습까지 하는 강행군을 펼쳤다. 몸 상태가 좋아진 것 같아 일을 너무 많이 벌였지만, 내가 먹고 있는 약은 겨우 한 알에 불과했다. 그 약 한 알로는 그런 나의 하루를 감당하기엔 턱없이 부족했던 것이다. 결국 나는 탈이 나고 말았다. 아침에 일어나는 것이 점점 힘들어졌고, 오후 1시가 다 되어야 겨우 몸을 일으킬 수 있었다. 운동을 빠지는 날이 많아졌고, 알바도 간신히 다녀오는 정도였다. 밴드 연습은 거의 정신력으로 버티는 수준이었다. 그렇게 버티고 버티다가 결국 한 달이 더 지나고 나서야 나는 모든 것을 그만두게 되었다.

근데 문제는 그게 다가 아니었다. 아니 오히려 그건 큰 문제가 되지 않았다. 알바든 운동이든 몸이 좋아지면 언제든 다시 하면 되니까. 그런데 나의 마음에 큰 문제가 생겼다. 아무리 노력해도 결국엔 제자리라는 생각이 마음속에 가득 차기 시작했다. 그 마음은 나를 이렇게 만든 그 마약의 주인인 룸메이트에게로 화살이 되어 향했고 그것은 그야말로 아무도 없는 곳에서 홀로 외치는 것과 다름없었다. 나 혼자 절규하고 나 혼자 울부짖고 그야말로 미친 사람 같아졌다. 그런 나를 부모님은 이제껏 잘 버텨왔는데 그러지 말라며 다독이셨지만 좀처럼 달래지지 않았다.

나는 원래 꿈도 많고 욕심도 많은 사람이다. 아프기 전의 나는 항상 정신없이 바빴고, 미래가 확실히 보였으며 자신감으로 가득 차 있었다. 겁도 없었고 언제나 당당했다. 하고자 하는 일은 결과가 나올 때까지 밀어붙였고, 하고 싶은 일은 꼭 해야 직성이 풀렸다. 연애나 사랑보다 공부와 일에 더 몰두했고, 나의 성장과 성공에 늘 혈안이 되어 있었다.

그런 내가 아프고 나니, 모든 것이 멈춰버린 듯했다. 더 이상 내 삶이 흐르지 않는 것 같았다. 나는 예전처럼 일상 속에서 빠르게 움직일 수 없었고, 무엇이든 할 수 있다는 자신감은 사라졌다. 내 친구들은 하나둘씩 자기 자리를 찾아가며 각자의 꿈을 향해 나아가고 있었고, 그 모습을 보면 나는 점점 더 외로워지고, 초조해졌다. 마치 나는 바다 한가운데 떠 있는 외딴섬처럼 고립된 느낌이었다. 그들처럼 나도 나아가고 싶었지만, 몸이 따르지 않았다. 세상은 계속 돌아가고, 사람들은 변해가는데 나만 그 자리에 멈춰서 있는 것 같았다. 나만 도태되고, 나만 낙오되는 것 같았다. 깊은 상실감과 좌절감의 연속이었다. 꿈도 많고 욕심도 많은 내가 그렇게 멈춰 있는 상황이, 나에게는 너무나 큰 고통이었다. 나의 본능과 의지가 내 몸을 따라가지 못하고, 내 마음은 더욱더 지쳐만 갔다. 매일이 점점 더 길고 처절하게 이어지는 듯했고, 그 깊은 절망 속에서 빠져나올 길을 찾을 수 없었다.

그래도 그런 좌절감에 잠식되지 않으려, 나는 정말 부단히도 노력하고 애썼다. 아무리 힘들어도 내가 무너지지 않도록 끊임없이 나를 다잡았다. 모두가 만류하고, 주위에서 걱정하며 제발 무리하지 말라고 할 때도, 나는 그저 내 마음속에서 다시 일어나고자 하는 강한 의지에만 사로잡혔다. 몸은 따라주지 않았지만, 마음만큼은 놓지 않겠다고 결심했다. 아무리 힘들고 고통스러워도, 나는 다시 일어날 수 있다는 믿음을 가지고 고군분투했다. "안 되면 되게 하라."는 나의 신조를 늘 되새기며, 절대 포기하지 않으리라 다짐했다. 아무리 일이 풀리지 않아도, 벽에 부딪혀도, 나는 버티고 또 버텼다. 참으라고 하면 참고, 기다리라고 하면 기다리고, 버텨야 한다고 하면 그저 끝까지 버텼다.

그렇게 하루하루, 한 걸음 한 걸음씩 버티면서 나를 지탱할 수 있었던 이유는, 내 안에 '다시 일어날 수 있다.'는 희망이 있었기 때문이었다. 그 희망은 나를 지치게 하는 모든 고통을 조금이라도 덜어주었고, 내게 다시 일어설 힘을 주었다. 내가 아무리 무너져도, 그 희망이 나를 일으켜 세워주었고, 결국 다시 일어설 수 있었다. 나는 다시 일어날 수 있다는 믿음이 있었기에, 무너지지 않았고, 그 믿음이 결국 나를 끝까지 이끌어준 원동력이 되었다. 그 길고 힘든 시간 속에서도, 내가 다시 일어날 수 있다는 희망이 나를 버티게 해준 것이었다.

하지만 이번에는 달랐다. 그동안 끊임없이 나를 다잡고, 희망을 품고 버텼지만, 이제는 그 희망마저 사라져 버렸다. 아무리 노력하고 이겨내려고 해도, 결국 내가 가는 길은 항상 제자리였다는 생각에 휩싸였다. 그 무기력한 현실 속에서 나는 더 이상 앞으로 나아갈 힘을 찾을 수 없었다. 내가 끊임없이 애쓰고 버티는 동안, 내 삶은 그 어떤 진전을 보이지 않았다. 나는 깊은 절망 속에 빠져들며, 희망의 끈을 놓아버렸다. 이 몸으로는 회사는커녕, 세상의 그 어떤 일도 할 수 없다는 생각이 나를 짓누르기 시작했다.

알바도 고작 몇 달 하고 힘들어하며, 결국은 내 몸이 따라주지 못했다. 약을 줄인다고 해도, 결국 내가 다시 힘들어지면 약을 다시 늘려야 할 것이란 생각이 나를 괴롭혔다. '어차피 다시 원점으로 돌아갈 거라면, 왜 애쓰고 버티고 있을까?' 나는 자신을 비꼬아 보기 시작했다. 내가 이토록 노력해도 결국엔 끝없이 돌아오는 벽 앞에서 무너질 것이라는 두려움이 커졌다. 나는 나와의 싸움에서 완전히 져버린 것을 느꼈다. 내 몸과 마음이 지치고, 희망을 잃어버린 채로 점점 더 나아갈 힘이 사라지는 것을 온몸으로 느꼈다. 더 이상 내가 무엇을 할 수 있을지, 어디로 가야 할지 알 수 없었다. 그 순간, 나는 내 삶에서 완전히 기운을 잃고, 지금 내 인생만큼 바닥도 없다고 생각하였다.

그렇게 나는 모든 것을 포기하기로 마음먹었다. 그토록 오랫동안 바랐던 취업, 그리고 다시 일어설 수 있다는 마음까지 모두 포기하기로 결심했다. 나에게 취업을 포기한다는 것은 단지 백수가 되는 것 이상의 의미였다. 그것은 나 자신을 다시 일으켜 세우는 꿈까지 포기하는 것과 같았다. 마치 내 전부를 잃은 것처럼 느껴졌고, 그 순간 나는 깊은 절망 속으로 빠져들었다. 이제는 아무리 애써도 앞으로 나아갈 길이 보이지 않았다. 내게 남은 것은 끝없는 우울과 공허함뿐이었다.

우울은 나를 조금씩, 조금씩 극한으로 몰아넣었다. 하루하루가 지옥처럼 느껴졌고, 남자친구와 가족이 아무리 달래고 설득해도, 그들의 말은 내 마음속 깊은 곳에 닿지 않았다. 그저 그들에겐 미안함만이 남았다. 내 마음은 마치 철벽처럼 굳어져 있었다. 나는 그저 눈앞에 놓인 현실을 받아들이지 못하고, 자꾸만 창문을 바라보게 되었다. 창밖의 풍경이 어지럽게 스쳐 지나가는 그 순간, 나는 '저기서 떨어지면 정말 끝날까?'라는 생각에 사로잡혔다. 머릿속에선 끊임없이 그런 생각들이 맴돌았고, 아무리 몸부림쳐도 그 생각을 떨칠 수가 없었다.

결국, 그 고통이 내 안에서 폭발하고 말았다. 나는 해서는 안 되는 말을 입 밖으로 내뱉었다.

"괜히 살아 돌아왔나 봐."

해서도 안 되는 말을, 그것도 부모님 앞에서 해버렸다. 지금 돌아보면, 그 말을 들으신 부모님의 마음이 얼마나 찢어졌을지 상상도 할 수 없다. 그때의 나는 나 자신에게 너무 갇혀 있었고, 내 아픔과 절망만을 느끼느라 부모님의 고통을 전혀 생각할 여유가 없었다. 그저 세상에서 나 혼자만 외로워 보였고, 그 외로움이 나를 더욱 가두었다. 그 말을 내뱉고 나서, 눈앞이 어두워졌고, 내가 해버린 말이 너무나 후회스러웠지만 그때의 나는 후회할 여력도 없었다.

그길로 남자친구에게도 끝내자고 얘기했다. 남자친구를 사랑하는 마음은 분명히 있었지만, 내가 짐이 되는 것 같아서 그랬다. 내가 그에게 더 이상 아무런 도움이 되지 않는다는 생각이 들었고, 그런 내가 그에게 부담만 될 것 같았다. 나는 내가 아픈 병자일 뿐, 아무런 쓸모도 없는 존재라는 생각에 사로잡혔다. 내 가족에게도, 남자친구에게도 내가 아무 도움이 되지 않는다는 사실에 너무나 괴로웠고, 내 존재 자체가 그들에게 부담이 될까 봐 두려웠다. 그렇게 나는 내가 얼마나 쓸모없는 사람인지에 대한 자책으로 가득 차 있었다.

그리고 그 자책은 점점 더 심해져, 차라리 이렇게 쓸모없는 내가 살아서 무엇을 할 수 있을까, 그런 생각이 내 마음을 짓누르기 시작했다. 내가 지금 여기서 살아서 무슨 의미가 있을까? 내가 아프고 무기력한 모습만 보여주며 살아가는 게 과연 나를 사랑하는 사람들에게 어떤 의미가 있을까? 그런 생각들이 마치 끝없이 나를 덮쳐오는 듯했고, 결국 내 머릿속에서는 '차라리 그날 그 사고 현장에서 죽어버릴걸.'이라는 너무나 이기적인 생각으로 뻗어갔다. 내 삶의 무게가 너무나 버거워서, 더 이상 견딜 수 없다는 생각이 들었다. 그 생각 속에서 나는 완전히 갇혀버렸고, 그 속에서 계속해서 나 자신을 갉아먹고 있었다.

끝없는 고통과 절망 속에서, 나는 점점 더 깊은 구렁텅이로 빠져들었고, 그 속에서 아무리 발버둥 쳐도 나를 구할 방법이 보이지 않았다. 세상은 나를 외면한 듯했고, 나 자신도 더 이상 이 상황에서 빠져나갈 힘이 없다고 느꼈다. 모든 것이 막다른 길로 향하는 듯했으며, 죽음만이 그 모든 괴로움에서 나를 해방시킬 수 있는 유일한 선택지처럼 떠올랐다. 그 생각은 점차 나를 지배하게 되었고, 다른 방법은 더 이상 생각할 수 없을 정도로 내 안에서 커져갔다.

# 터널을 걷는 시간

"나… 더 이상 살아갈 힘이 없어…. 너무 힘들어…. 그냥 다 끝내고 싶어…."

마음이 아프기 시작하자, 아픈 몸이 더욱 고통스러워졌다. 한동안 잠잠했던 통증들이 다시 올라오기 시작했고, 겨울이 오면서 날씨가 추워지자 온몸이 굳는 듯한 느낌이 들었다. 잠시 밖에 나갔다 오기만 해도 정수리 부분이 따갑고 피부가 벗겨지는 듯한 아픔을 느꼈다. 죽을 먹어도 토하고, 아무것도 먹지 않았는데도 계속해서 토하기만 했다. 결국 몸무게는 한 달 사이에 5킬로가 빠졌다. 몸이 안 좋아지자 마음도 점점 더 악화되었고, 그 악순환 속에서 나는 더 이상 버틸 힘이 없어 삶을 끝내고자 했다.

그런 나를 엄마가 안으시며 통곡하듯이 우셨다.

"설아야, 포기하지 마. 엄마랑 아빠가 있잖아. 우리는 아무것도 필요 없어. 너만 있으면 돼. 네가 살아만 있어주면 돼. 네가 밥만 먹어도 행복하고 네가 잘 걸어 다니기만 해도 행복해. 미안해하지 마. 우리는 네가 있어 행복하고 감사해. 너를 놓지 마. 엄마는 너 없으면 못살아."

엄마의 말에 나는 마음 저 깊은 곳에서부터 차오르는 눈물을 쏟아내기 시작했다. 그래 맞다. 누가 죽고 싶겠나. 살아갈 힘이 없어 죽음을 선택하는 것이지. 잘 살아갈 수만 있다면 누가 죽고 싶겠나.

"엄마 나 사실은 살고 싶어. 너무너무 잘 살고 싶어. 그런데 이미 내 인생은 끝난 것 같아. 복구가 안 돼. 무엇을 해도 안 돼. 도저히 나아질 기미가 안 보여. 끝없는 터널 속에 갇힌 것 같아. 너무 살고 싶은데 어떻게 해야 하는지 모르겠어."

"설아야, 아직 다 해본 게 아냐. 우리 약물 치료에만 의지한 거잖아. 엄마가 찾아보니 다른 치료들도 있더라고. 우리 할 수 있는 건 다 해보자. 그렇게 다 해보다 보면 분명 너를 다 낫게 할 수 있는 방법을 찾게 될 거야. 우리 다 해보자!"

하지만 나는 눈물만 흘릴 뿐 대답을 못했다. 기대를 한다는 것이 나에겐 또 좌절해야 한다는 말로밖에 안 들렸기 때문이다.

그날 밤, 그런 내게 남자친구도 울면서 말했다.

"우리 다 해보자. 나는 너랑 헤어질 자신이 없어. 네가 없이 살아갈 자신이 없어. 네가 내 옆에 꼭 있어야 해. 네가 짐이 된 적이 단 한 번도 없어. 그러니까 죽으려 하지 말고 살려고 해보자. 어떤 말도 들리지 않겠지만 나를 봐서라도 이겨내 줄래? 나는 네가 없으면 정말 안 돼. 해볼 수 있는 건 다 해보자. 그러고 나서 다시 생각하자. 우리 여기까지 잘 이겨내 왔잖아. 잠시 그런 거야. 잠시. 내 여자친구 설아는 강인한 사람이라 다시 또 이겨내서 일어날 거야. 난 믿어. 같이 이겨내 보자. 내가 뭐든 다 해줄게!"

나는 남자친구와의 전화에서도 대답을 하지 못하고 그대로 잠이 들어버렸다.

얼마 뒤, 잠에서 깨어난 나는 놀랐다. 눈을 뜨니, 엄마가 내 옆에서 나를 지키고 계셨다. 그 모습을 보며 나는 마음 깊은 곳에서 고마움과 죄송함을 느꼈다. 그때 핸드폰이 울리며, 남자친구의 이름이 뜬 화면을 보았다. 서둘러 전화를 받았다. 서울에서 대전까지, 이 밤에 나를 보러 내려왔다는 것이다. 나는 믿기지 않았다. 얼마나 많은 걱정과 불안 속에서, 그는 나를 위해 이렇게 먼 길을 달려왔던 걸까. 그의 목소리가 내 마음을 더욱 아프게 했다. 그 후, 나는 책상 위를 보았다. 내가 가장 좋아하는 쿠키가 놓여 있었다. 동생이 말없이 조용히 놓고 간 것이다. 동생은 내가 아프다는 소식에 아무 말 없이, 조용히 나를 위로하려 했던 걸까. 그 작은 선물이 내 마음을 울컥하게 만들었다. 그 순간, 나는 서럽게 울었다. 그 모든 사랑과 관심을 받아들이기에는 너무 많은 미안함과 감정들이 얽혀 있었다.

"엄마, 너무 미안해요. 정말 정말 미안해요. 그런 말로 상처를 드려서 정말 너무 미안해요. 아빠도 엄마도 남자친구도 모두 나를 위해 이렇게 노력하는데 내가 포기하려 해서 정말 미안해요."

그런 나를 엄마와 아빠는 꼬옥 안아주시고 다 같이 흐느껴 울었다.

"설아야, 이 시간이, 이 아픈 시간들이 언젠가는 모두 지나가고, 그 자리에 아름답고 멋진 기억들이 쌓일 거야. 지금의 고통이 너를 더욱 강하게 만들고, 그 끝에는 빛나는 순간들이 기다리고 있어. 언젠가는 이 모든 시간이 너에게 따뜻한 기억으로 남을 거라는 걸 믿어. 그때 너는 웃으며, 지나온 길을 자랑스럽게 돌아볼 수 있을 거야. 우리가 그렇게 만들 거야. 걱정하지 마. 너 다 나을 수 있어. 우리가 이렇게 한마음이고 이렇게 노력하는데 그런 우리를 신께서 가엾게 여기시고 너를 낫게 해주실 거야. 우리 살아가 보자."

잠시 후, 남자친구를 만나러 나갔다. 그를 마주한 순간, 너무 미안한 마음에 선뜻 나서지 못한 나를 그는 조용히 꼭 안아주었다. 그의 품이 너무 따뜻해서, 나는 그 안에서 눈물이 터져 나왔다. 그 따뜻함에 눈물이 났고, 미안한 마음에 또 눈물이 흘렀다. 하지만 그보다 더 큰 감정은 고마움이었다. 나를 위해 이렇게까지 힘써주는 그에게 고마워서, 나는 다시 한번 눈물이 흘렀다.

그 순간, 나는 다짐했다. 다시는 오늘과 같은 생각을 하지 않겠다고, 아무리 힘들어도 그런 생각은 하지 않겠다고 마음속으로 다짐했다. 나를 위하는 사람들을 생각하며, 나는 어떻게든 이겨내겠다고 결심했다. 그들에게 더 이상 오늘과 같은 슬픔을 주지 않겠다고 다짐하며, 손을 꼭 쥐었다.

우리는 같이 기도를 했다.

"하느님, 오늘의 저를 용서해 주세요. 오늘의 연약한 마음과 고통을 당신께 고백합니다. 앞으로도 때때로 삶에서 힘든 순간들이 찾아오더라도, 그때마다 오늘의 이 순간을 기억하며 버틸 수 있게 도와주세요. 제게 너무나도 따뜻한 가족과 연인을 주셔서 진심으로 감사합니다. 그들의 가득 찬 사랑이 제게 얼마나 큰 힘이 되는지 모릅니다. 그들을 위해서라도, 그들의 기대를 저버리지 않도록 이겨낼 수 있도록 도와주세요. 제가 어떤 고난 앞에서도 흔들리지 않고, 이 마음을 지킬 수 있도록 저를 지켜주시길 간절히 바랍니다. 제 삶의 길을 인도해 주세요. 예수님의 이름으로 기도드립니다. 아멘."

# 가족의 품에서

우리 가족은 나를 낫게 할 수 있는 모든 것에 전력을 쏟아붓기 시작했다. 먼저 배현석 선생님의 병원을 찾았다. 그간의 이야기들을 모두 말씀드리자 선생님은 심각한 표정을 지으시며 당장 약을 늘려야 함을 말씀하셨다. 그렇게 나는 약을 세 알로 늘렸다. 조금 울컥했지만 이게 나를 낫게 한다고 생각하니 받아들이기로 했다.

그러고 나선 한동안 가지 않았던 게르마늄 찜질방으로 갔다. 그런데 그사이에 폐업을 한 것이다. 어쩔 수 없이 우리는 다른 지방에 있는 곳으로까지 찾아보았고 그나마 가장 가까운 곳이 대구라는 말에 곧장 그곳으로 출발했다. 그곳은 사업장이 아니라 일반 주택이었고 일반 시민인 분께서 우리 사정을 들으시고 흔쾌히 자리를 내주신 것이다. 덕분에 감사하게도 우리는 매주 주말마다 그곳을 이용할 수 있었다.

하지만 그간의 치료 방법만으로는 부족했다. 그래서 엄마는 하루 종일 나를 낫게 할 수 있는 방법들을 찾기 위해 온갖 노력을 기울이셨다. 컴퓨터 앞에 앉아 이것저것 검색하시며, 최신 치료법이나 효과적인 방법을 찾기 위해 밤낮없이 애쓰셨다. 때로는 전화로 병원이나 전문가들에게 직접 문의를 하시기도 했고, 그 모든 대화에서 조금이라도 희망을 찾으시려고 애쓰셨다. 무엇 하나 놓칠 수 없다는 듯, 엄마는 나를 위해 최선을 다해 정보를 모으셨고, 내가 고통스러워하는 그 순간에도 그 어떤 방법이든 시도해 보려는 마음으로 가득 차 계셨다. 그 모습은 나를 위해 한 치의 양보도 없이 힘겨운 싸움을 이어가는 엄마의 사랑이었고, 나는 그 사랑을 통해 조금씩 다시 일어설 힘을 얻을 수 있었다.

그러던 어느 날, 엄마는 '고압산소 치료'를 받아보자고 권하셨다. 나와 같이 마약에 중독이 된 사람들이 받는 치료라는 것을 어디서 들으셨다는 것이다. 우리는 곧장 해당 치료를 진행하는 병원으로 달려갔다. 우리 사정을 들으신 의사 선생님은 우리에게만 특별히 무료 이용권을 두 번 더 주셨다. 덕분에 감사하게도 비싼 치료를 조금 더 저렴하게 이용할 수 있었다.

뿐만 아니라 엄마는 '헬스트론'이라는 업체를 어느 날 알아 오셨다. 엄마 친구분이 다녀와 봤는데 좋았다는 말에 당장 나를 데려가셨다. 그곳에 갔더니 뒤에 전기가 달려 있는 의자에 사람들이 눈을 감은 채 앉아 있었다. 그게 치료 중이라는 설명을 들었을 때, 전기가 사람을 치료한다는 발상이 매우 생소하게 느껴졌다. 약간 처음 게르마늄 찜질방에 갔을 때의 느낌처럼, 뭔가 사기 같기도 했다. 하지만 무료 체험이라고 하니 일단 시도해 보기로 했다.

나는 그렇게 매일을 치료에 몰두하며 보냈다. 하루는 병원에 가서 약을 받아오고, 또 다른 하루는 찜질방에 들러 몸을 이완시켜 주었다. 그날그날 몸 상태에 맞춰 다양한 치료법을 시도하며, 몸과 마음을 조금이라도 회복시키려 애썼다. 또 하루는 산소 치료를 받으러 가서 부족한 산소를 공급받고, 하루는 헬스트론을 방문해 전기의자에서 치료를 받았다. 그런 방식으로 일주일 내내 치료와 회복에만 집중하며 시간을 보냈다. 매일 새로운 치료법을 시도하며 나아지기를 바라며, 그 모든 과정을 마치 하나의 일상처럼 반복했다. 피곤하고 지쳤지만, 나 자신에게 할 수 있는 최선의 방법을 찾고자 하는 마음으로 하루하루를 보냈다.

그 결과, 나의 건강은 조금씩 회복되기 시작했다. 무엇보다 약을 늘리면서 통증이 조금씩 사라져가는 것을 몸으로 느낄 수 있었다. 그동안 고통스럽게 느껴졌던 통증이 점차 줄어들면서, 예전처럼 조금 더 편안하게 일상생활을 할 수 있게 되었다. 또한, 여러 가지 치료를 병행하면서 밥도 조금씩 먹게 되었고, 잠도 예전보다는 조금 더 잘 잘 수 있었다. 하지만 기대했던 만큼 드라마틱한 효과는 나타나지 않았다. 여전히 힘든 순간은 있었고, 완전히 회복된 것은 아니었다. 그래서 엄마는 한 번 더 정보를 찾아보겠다고 결심하셨다. 매일같이 인터넷과 책을 뒤지며, 나를 위해 할 수 있는 치료 방법을 찾아내기 위해 밤낮없이 노력하셨다. 엄마는 끊임없이 새로운 가능성을 모색하며, 나에게 더 나은 내일을 선물해 주기 위해 한 걸음도 멈추지 않으셨다.

"설아야! 찾았어. 너를 낫게 할 치료를! 우리 앞으로 전자약 치료를 받아보자!"

전자약 치료라…. 그게 무엇인지는 잘 모르겠지만, 적어도 이전에 시도했던 것들보다는 확실히 효과가 있을 것 같았다. 이전의 치료들은 건강을 보완하는 느낌이 강했다면, 이번 치료는 분명히 본격적인 치료처럼 느껴졌기 때문이다.

"전자약 치료 기기 중에서 전 세계적으로 1위를 하는 기기가 있다고 하더구나. 알아보니 대전에 그 기기를 사용하는 곳이 딱 한 곳이 있어. 여기서 좀 멀지만 가보자꾸나!"

그 병원은 신경과로 기능의학 전문이신 선생님이 운영하는 곳이었다.
"저희가 마약사고를 겪어서…."
우리의 이야기를 다 들으신 선생님은 종이 한 장을 꺼내시더니 내가 받아야 할 검사들이 있다며 리스트를 작성해 주셨다.
"그런 독극물에 노출이 되셨기 때문에 장 검사를 실시해야 합니다. 어쩌면 그 사고로 장내에 좋은 균은 모조리 죽고 나쁜 균만 있을 수도 있거든요. 그럼 장 상태가 안 좋아지면서 결국엔 그게 뇌를 망가뜨리게 되어요."
그렇게 종이에 적힌 리스트대로 나는 각종 검사를 받았다. 먼저 당독소 검사를 받았고 그다음, 자율신경계 검사와 심전도 검사를 받았다. 그다음 자리를 옮겨 뇌파 검사를 진행했다. 또 다른 날에 와서는 유기산 대사 검사와 장내 미생물 검사도 실시했다. 그리고 혹시 추가적으로 받고 싶은 검사가 있냐는 질문에 엄마는 뇌혈류 검사와 경동맥 검사도 신청하셨다.

그 모든 검사들을 다 마치고 종합적으로 결과를 듣는데 나는 마음이 놓였다. 먼저 뇌혈류 검사와 경동맥 검사에서는 아무 이상이 없음이 나왔다. 정말 안심되었다.

하지만 자율신경계에 약간의 이상이 있다고 나왔다. 아직 교감 신경과 부교감 신경이 균형을 이루지 않았다고 보아야 한다고 하셨다. 뇌파 검사 결과에서도 느린 뇌파와 빠른 뇌파에서 높은 이상이 발견되었다. 이건… 내가 아직 많이 우울하다는 것을 나타낸다고 하셨다. 그리고 인지력이 상당히 떨어져 있는 상태라고 하셨다. 이 정도면 그간 시험들을 어떻게 보고 회사 생활을 어떻게 한 건지 놀라울 정도라고 하셨다. 그다음으로 당독소 검사 결과를 보시더니 꽤 높다면서 유기산 대사 검사와 장내 미생물 검사에서도 마찬가지로 이상 소견이 보인다며 장 치료도 시급하다고 하셨다.

종합적으로 나의 상태는 약물 치료를 잘 받아와서 겪은 사고나 먹고 있는 약 개수에 비해서 지금 위험한 상태는 아니나 아직 완벽한 상태도 아니기에 전자약 치료가 필요하다고 하셨다. 또한 뇌를 망가뜨리는 데 일조하는 장 문제도 해결해야 하기에 각종 영양제와 항생제도 처방해 주셨다.

상담이 끝나고 전자약 치료를 처음으로 받게 되었다. 40분에 20만 원이나 하는 치료였기에 나는 부모님께 너무나 감사했다. 그렇게 치료를 받는데 받는 순간 내 머리가 시원해지는 게 아니라 내 뇌가 시원해짐을 느꼈다. 어떻게 아픈 곳들만 골라서 잘 두드려 주었다. 너무 시원한 나머지 나는 치료가 끝나자마자 "너무 시원해요."라고 말했다. 의사 선생님도 치료를 받고 나서 바로 효과를 느끼는 사람은 내가 처음이었다면서 내게 가장 필요한 치료가 맞는 것 같다고 하셨다.

그 효과는 집으로 돌아온 후 시간이 지날수록 점점 더 크게 나타났다. 그동안 약물 치료는 항상 부작용을 동반해 왔고, 매번 그 부작용에 시달리며 치료를 이어가야 했는데, 이제는 그런 부작용들이 사라지는 것을 느꼈다. 처음엔 그저 체력적으로 조금씩 나아지는 느낌이었지만, 시간이 지나면서 점차적으로 변화가 뚜렷해졌다. 이제는 밥도 너무 잘 먹게 되었고, 잠도 깊게 자는 것이 느껴졌다. 하루하루가 훨씬 더 편안해졌고, 무엇보다 중요한 건 기분이 좋아지는 수준을 넘어서, 전반적으로 활력을 되찾았다는 것이다. 예전에는 몸이 무겁고 지쳐서 하루를 버티기도 힘들었지만, 이제는 활기찬 에너지가 몸과 마음에 넘치는 듯했다. 그 변화는 단지 육체적인 회복을 넘어서, 내 삶에 새로운 활력을 불어넣어 주었다.

자기 전, 나는 엄마를 꼭 안았다.
"너무 고마워요. 엄마 아빠! 덕분에 그 고비를 잘 이겨냈어요. 정말 다시 못 일어날 줄 알았는데 이렇게 또 일어나네요.

포기하지 않길 잘했다는 생각이 들어서 너무 감사하고 행복해요. 나의 부모님이 엄마 아빠라서 정말 다행이고 감사해요."

어쩌면 그 어떤 치료보다도 나를 낫게 한 것은 부모님의 헌신과 사랑이 아니었을까 싶다. 수많은 치료와 방법들, 약물과 치료법들이 나를 조금씩 회복시켜 주었지만, 진정으로 내 마음을 치유한 것은 부모님의 끝없는 사랑과 지지였다. 그들의 눈빛, 그들의 따뜻한 손길, 그들의 말 한마디 한마디는 나에게 의지와 희망을 주었고, 그것이 나를 다시 일으키는 힘이 되었다. 그런 생각을 하면서 자려고 누웠는데도, 나는 계속 눈물이 났다. 그 눈물은 내가 힘들어서 흘리는 눈물이 아니었다. 오히려 감사의 눈물이었다. 내가 이렇게 살아갈 수 있다는 것, 그 모든 순간에 부모님이 나와 함께했다는 것에 대한 깊은 감정이 눈물로 흘러나왔다. 감사해서 운다는 것이 정말 믿기지 않았지만, 그 눈물 속에서 나는 부모님에 대한 고마움이 가득 차오르고 있었다. 내 모든 고통과 절망 속에서, 부모님은 나를 포기하지 않고 끝까지 이끌어 주셨다. 그들은 언제나 나를 위해 희생했고, 내가 다시 일어설 수 있도록 끊임없이 힘을 주었다. 그들의 사랑과 헌신 덕분에 나는 다시 한 걸음씩 나아갈 수 있었다. 부모님의 사랑이 없었다면, 지금의 나는 결코 없었을 것이다.

## 무지개 시키신 분!

"우리 기도하자!"

어느덧 2024년이 저물고 2025년이 시작되었다. 나와 남자친구는 2025년이 되는 자정에 전화를 하며 같이 기도를 하였다.

"하나님 올 한 해를 모두 다 무사히 넘길 수 있게 해주셔서 감사합니다. 저도 저희 가족도 남자친구도 남자친구의 가족도 모두 다 다가오는 새해를 무난하고 편안하게 맞이했으면 합니다. 무엇보다 제가 올해에는 부디 다 나아서 제 몫을 할 수 있게 해주세요. 제가 다 나아야 가족이 어려울 때 힘이 되고 남자친구가 힘이 들 때 기댈 수 있는 사람이 될 수 있어요. 제가 좋은 곳에서 쓰임이 되고 싶으니 부디 저를 다 낫게 해주세요. 예수님의 이름으로 기도드립니다. 아멘."

나는 기도를 하며 놀랐다. 항상 나만 챙기기 급급했던 내가 내 기도에 많은 이들에 대한 걱정과 염원을 담았을 뿐만 아니라 그들에게 도움과 힘이 되고 싶다고 했기 때문이다. 그때 느꼈다. 아픔이라는 게 나를 무너뜨리는 것 같아도 잘 이겨낸다면 오히려 나를 강인하고 단단하게 만들어 주기도 하구나를 말이다.

더 이상 나는 다 낫지 못할까 하는 전전긍긍한 마음에 사로잡히지 않았다. 예전에는 몸과 마음의 끝없는 불안과 초조 속에서 하루하루를 버티며, 내가 반드시 회사를 다시 취업해야 한다는 압박감을 끊임없이 느꼈었다. 하지만 이제는 그 모든 압박감에서 벗어나게 되었다. 치료의 과정을 거치며 점차적으로 나를 둘러싼 세상과 나 자신에 대해 조금 더 여유를 가질 수 있게 되었다. 나는 더 이상 모든 것이 끝날까 봐 두려워하지 않고, 그저 내 삶을 온전히 받아들이며 살 수 있게 되었다. 세상을 바라보는 시선이 달라졌다. 이전에는 좁고 제한적인 시각으로만 모든 것을 판단하고 있던 내가, 이제는 세상이 얼마나 크고 넓은지, 그리고 그 속에서 내가 할 수 있는 일들에 대해 다시 한번 생각할 수 있는 여유가 생긴 것이다. 삶의 무게가 가벼워지고, 그 속에서 얻을 수 있는 모든 것에 대한 감사와 기쁨이 조금씩 차오르기 시작했다.

여유가 생겨서일까, 나는 예전처럼 내 몸과 마음에 무심하게 굴지 않기로 결심했다. 자주 가지 않던 서점도 가고, 도서관에 앉아 책을 읽으며 시간을 보내는 일이 많아졌다. 예전에는 그런 것들이 귀찮고, 내가 할 일이 아니라는 생각이었는데, 이제는 그런 소소한 시간들이 내가 다시 살아가고 있다는 느낌을 주었다. 또 전에는 몸과 마음이 지쳐 귀찮다는 이유로 피부 관리나 영양제 섭취도 미루었는데 지금은 달라졌다. 씻고 나면 무조건 스킨과 로션을 바르고, 자기 전에는 피부 관리 루틴을 챙기는 일이 자연스러워졌다. 영양제도 매일 꾸준히 섭취하며, 나 자신에게 필요한 것들을 채워주고 있었다. 나는 내 몸과 마음을 아끼고 지키는 일이 얼마나 중요한지 깨달았고, 그 어느 때보다 적극적으로 나를 돌보며 살아가기로 결심했다.

"선생님, 요즘은 제가 그곳에서 살아 돌아오길 정말 잘했다는 생각이 들어요. 예전에는 제가 살아 돌아온 것이 모두에게 짐이 되고, 귀찮게 하는 일이라고 생각했어요. 하지만 지금은 그 생각이 달라졌어요. 살아 있기에 부모님이 웃을 수 있고, 그 웃음 속에서 제 존재의 의미를 다시 깨달았어요. 제가 살아냈기 때문에 오늘 같은 날들이 가능하다는 것을 알게 되면서, 저를 살려주신 성당 분께도 정말 감사하고, 저를 구원해 주신 신께도 깊이 감사해요. 그런 감사함을 너무 늦게 가지게 된 것 같아, 그저 죄송한 마음도 들지만, 그럼에도 그 감사함을 갖게 해주신 모든 분들께 진심으로 감사하고 있어요."

나의 말에 배현석 선생님은 이제껏 본 것 중 가장 환한 웃음을 지으시며 내게 답하셨다.

"만약 설아 님 말고 그때 그 사고 현장에 설아 님 룸메이트도 있었다고 가정해 봅시다. 그런데 그 룸메이트는 그날 그 사고에서 혼수상태에 빠진 채로 살아나서 다행히 깨어는 났지만 전신마비 환자가 되었다고 생각해 보세요. 그럼 설아 님 기분이 어떤가요?"

"저의 아픔에 안도하고 감사해할 것 같아요."

"맞아요. 아픔과 고통은 결국 상대적인 것이기에, 우리가 다른 사람의 아픔을 볼 때 그들의 고통이 나보다 더 심해 보이면, 내 아픔이 상대적으로 작게 느껴지기도 합니다. 그렇다고 해서 설아 님의 아픔이 결코 작거나 가볍다는 의미는 아니에요. 각자의 고통은 그만큼 깊고 진지하며, 그 아픔 속에서 느끼는 감정은 누구에게나 깊은 영향을 미치니까요. 그러나 깊은 절망감이 다시 찾아왔을 때, 그 순간만큼은 잠시라도 이렇게 생각해 보세요. 내가 겪고 있는 이 고통이 다른 사람의 아픔에 비해 더 작다고 느낄 때, 그것이 조금이나마 내 마음을 가볍게 해줄 수 있지 않을까 하는 생각이 듭니다. 설아 님의 원망과 분노가 조금이라도 누그러지기를 진심으로 바랍니다. 그 고통 속에서, 시간이 지나며 조금씩 마음이 가라앉고, 평온함이 찾아오기를 조심스럽게 기원합니다."

그날 선생님의 말씀은 그 어떤 말보다 따뜻하고 깊은 위로가 되었다. 그 위로의 말은 내 안에 쌓였던 원망과 분노를 차분히 누그러뜨려 주었고, 그간 마음속에 가득했던 화가 어느새 가라앉았다. 마치 차가운 바람이 잦아들고, 따뜻한 햇살이 스며드는 듯했다. 내 마음은 불현듯 감사함으로 가득 차올랐고, 늘 조급하게만 느껴졌던 마음이 어느새 여유로운 마음으로 변해 있었다. 나는 그렇게 조금씩 마음을 내려놓고, 비워가는 법을 배우기 시작했다. 그제야 "나를 내려놓는다."는 말이 어떤 의미인지 진심으로 알게 되었다. 이제는 가족과 함께 아침을 맞이하고, 서로 얼굴을 마주하며 밥을 지어 먹는 것, 그리고 저녁에 하루의 끝자락에 연인과 하루의 이야기를 나누는 것만으로도 내 인생은 그 무엇보다 풍족하고 따뜻하다는 것을 느낀다. 아니, 풍족하다 못해 넘치는 감정이 내 안을 가득 채운다. 그 모든 순간들이 내게 얼마나 큰 선물인지 깨닫고, 그저 감사할 뿐이다.

무지개.

내 인생에 드디어 무지개가 펼쳐진 것 같다. 예전에는 내 인생의 무지개가 무엇인지, 그 끝에 무엇이 있을지 명확하게 그려봤다. 나는 무지개 끝에 대기업에 입사해 고속 승진을 하며 높은 연봉을 받는 모습, 사람들에게 무시당하지 않으면서 당당하게 살아가는 모습, 그리고 명함을 내밀면 사람들이 고개를 끄덕이며 존경할 수 있는 직업을 가진 모습이 그려졌다. 그것이 내가 꿈꾸던 무지개였고, 그 무지개가 나의 목표이자 끝이라 생각했다.

하지만 이제, 내 인생에 펼쳐진 무지개는 그 어느 것과도 다르다. 내 무지개에는 대기업도, 고액 연봉도, 명함 한 장도 없다. 그럼에도 불구하고, 이 무지개는 그 무엇보다 크고 아름답게 느껴진다. 내가 꿈꾸던 것들과는 다르게, 내 무지개는 더 소중하고 의미가 있다. 이 무지개는 내 가족과 함께하는 평범한 하루, 사랑하는 사람들과 나누는 따뜻한 대화, 그리고 나를 지지해 주는 이들의 미소 속에서 펼쳐져 있다. 그것이 바로 내 진정한 무지개였다.

내가 진정으로 원했던 것은 세상의 인정을 받는 성공이 아니라, 나 스스로를 존중하고, 내가 사랑하는 사람들과 함께 살아가는 평온한 삶이었다. 이제 나는 그 무엇보다 소중한 것들이 내 인생을 채우고 있음을 깨달았다. 그래서 그 무지개는 훨씬 더 큰 의미를 지니고 있다. 이 무지개가 내 삶에 펼쳐진 것만으로도, 나는 더할 나위 없이 행복하고, 이 무지개 속에서 나는 진정으로 살아 있음을 느낀다.

그런 마음을 가지며 잠이 든 어느 날, 꿈을 꾸었는데 꿈속에서 그 룸메이트가 나와 내게 무릎을 꿇으며 미안하다고 싹싹 비는 게 아니겠는가. 내가 그려왔던 순간이라 그 순간을 맞이하면 기분이 아주 좋을 줄 알았다. 그랬는데 기분이 이상했다. 그 언니가 불쌍해 보였다. 그 언니의 인생을 들여다보았다. 그녀는 이혼 가정이나 다름없는 불화가 끊이지 않는 가정에서 태어나 가출을 밥 먹듯이 했다. 스무 살 성인이 되었을 땐 너무 괴로운 마음을 이기지 못하고 매일 술과 담배에 찌들어 살았다고 했다. 그러다 마약에 손을 댔고 너무 힘들었지만 끊었다고 했다. 나는 언니를 믿었기에 약을 끊었다는 말을 믿었다. 그런데 지금 생각해 보니 언니는 여전히 약을 달고 살았던 것이다.

하루는 언니가 술에 취해 나를 보며 애처럼 울면서 말을 했다.

"내가 스무 살에 너를 만났더라면 마약에 손을 대지 않았을 텐데. 그럼 내 인생을 이쁘게 잘 설계해 갔을 텐데. 너 같은 사람을 이제야 만난 게 후회돼. 내 지난 삶이 너무 쓰레기 같아."

그때의 나는 그리고 사고 이후의 나는 그런 언니가 이해되지도 않고 이해하고 싶지도 않았다. 그런데 이제는 이해하기 싫어도 이해가 된다. 굳이 그런 사람 용서하고 공감하고 싶지 않은데 그 언니가 가여워 보인다. 얼마나 기댈 데가 없었으면 위험한 줄 알았으면서도 마약에 손을 댔을까. 나 같은 사람이 얼마나 많은데 그 흔하디흔한 사람 한 명을 만나지 못해 잘못된 길로 빠졌다는 것이 안쓰러웠다.

그러다 문득 그런 생각이 들었다. 나는 나만의 무지개를 바라보며 그것을 꿈꾸고, 그 끝에 닿을 수 있기를 늘 바란다. 그렇듯 모든 사람이 각자 자신만의 무지개를 가지고, 그 꿈을 향해 나아간다고 믿었다. 그러나 현실은 그렇지 않았다. 무지개를 꿈꾸는 것조차 사치처럼 느끼는 이들이 많았다. 그들에게는 어떤 이유로든, 꿈을 꾸는 것조차 어려운 상황에 놓인 것이다. 그런 사람들은 하루하루 살아가기도 힘들고, 때로는 절망과 고통 속에서 길을 잃고 헤매기도 한다. 나 또한 희망의 끈을 놓아버린 적이 있었기에 이제는 안다.

그들이 인생을 포기하고 싶을 때, 혹은 나쁜 길로 빠져들려 할 때, 그들의 눈에 작은 빛이 되어주고 싶다는 생각이 들었다. 나라도 그들의 무지개가 되어주고 싶다. 내가 그들에게 희망이 될 수 있다면, 그들 역시 자신의 무지개를 찾을 수 있기를 바란다. 내가 지나온 길에서 얻은 작은 경험과 사랑이 그들에게 전달될 수 있다면, 그들의 어두운 곳에 작은 빛이 되어 조금이나마 그들이 다시 일어설 수 있는 용기를 줄 수 있을 것이다.

　우리는 모두 각자의 무지개를 꿈꾸며 살아가지만, 때로는 그 꿈을 이루는 것이 힘들고 지치기도 한다. 때로는 그 길이 너무 멀고, 그 꿈이 너무 아득하게 느껴져 결국 포기하고 싶어지기도 한다. 그 꿈이 무엇이든, 삶의 의미가 무엇이든, 그 모든 것이 너무 무겁게 느껴질 때가 있다. 그런 순간에, 포기하고 싶은 마음이 들 때, 나는 그들에게 이렇게 말하고 싶다. 포기하지 말라고. 무지개는 누구에게나 펼쳐질 수 있다고. 누구나 그 빛을 향해 걸어갈 수 있고, 그 끝에 닿을 수 있다고. 그럼에도 자신의 무지개를 찾지 못했다면 내가 그 사람의 무지개가 되어주고 싶다. 가족과 남자친구가 내게 무지개가 되어주어서 버텨냈듯이 힘들어하는 이가 있다면 내가 손을 뻗어 그 이의 무지개가 되어주고 싶다.

　내가 누군가의 무지개가 되어, 그들에게 작은 빛과 희망을 줄 수 있다면, 그 무엇보다도 보람차고 행복할 것이다. 그들이 다시 꿈을 꿀 수 있도록 도와주고, 그들이 그 길을 걸을 수 있도록 힘이 되어준다면, 그때 나는 진정으로 내가 살아가는 의미를 찾을 수 있을 것이다. 그렇게 서로에게 작은 희망을 나누며, 우리는 더 밝고 따뜻한 세상을 만들어 갈 수 있을 것이다.

　만약 무지개가 배달이 될 수 있는 거라면 좋겠다. 누군가 시켰을 때 바로 달려갈 수 있도록 말이다. 그럼 달려가서 이렇게 말할 것이다.
　무지개 시키신 분!

에필로그

 지금 이 순간, 내가 지나온 길을 돌아보며 깨닫게 된 것은 인생이란 비를 피하는 것이 아니라, 그 속에서 어떻게 춤을 출 수 있느냐에 관한 것이라는 점이다. 아픈 시간이 끝날 것 같지 않던 날들을 기억한다. 그럴 때마다 시간이 멈춘 것처럼 느껴졌고, 도망치고 싶었을 때도 많았다. 모든 것이 완벽하고 평화로운 세상으로 도망가고 싶었다. 그러나 그 세상은 나에게 주어진 길이 아니었다.

 그 대신, 진정한 기적은 내가 예상치 못한 순간에 찾아왔다. 가족과의 조용한 대화 속에서, 연인의 변함없는 사랑 속에서, 그리고 일상 속에서 발견한 작은 기쁨들 속에서 무지개가 피어났다. 내가 한때 꿈꾸던 무지개는 멀리 있는 것이 아니었다.

그것은 바로 나의 안에서 피어났다. 그 무지개는 아픔을 이겨내는 힘과 용서, 그리고 내가 느낀 모든 사랑과 배려 속에서 만들어졌다.

치유가 하루아침에 이루어지는 것은 아니다. 그건 한 번의 기적처럼 일어나는 것이 아니라, 작은 승리들이 쌓여가는 과정이다. 하루하루 내 삶을 살아가며, 내가 겪은 고통이 점점 덜어져 가는 것을 느낀다. 그리고 한 걸음씩 나아가면서, 내가 살아가는 이유와 그 의미가 점점 더 뚜렷해지고 있다.

아직도 세상에는 많은 이들이 자신만의 무지개를 찾아 헤매고 있다. 그들이 그 길을 걷는 동안, 나는 그들에게 작은 빛이 되어주고 싶다. 내가 겪은 고통과 치유의 이야기가 그들에게 희망이 된다면, 그것이야말로 내가 살아가는 진정한 의미일 것이다. 우리가 서로의 무지개가 되어, 함께 빛을 나눌 수 있다면, 이 세상은 더욱 밝고 따뜻한 곳이 될 것이다.

## / 감사의 말 /

　이 책을 마무리하면서, 저를 이끌어 준 고마운 많은 분들이 떠오릅니다. 그들의 응원과 도움이 없었다면 이 책을 완성하는 것은 결코 가능하지 않았을 것입니다. 그래서 이 글로 마무리하며, 한 분 한 분께 진심으로 감사의 마음을 전하고자 합니다.

　먼저, 제가 아프다고 하면 언제든 어디든 달려와 주신 부모님, 새벽이든 밤이든 제게 온 힘을 다해 손을 내밀어 주신 부모님께 깊이 감사드립니다. 또한, 아픈 누나를 위해 늘 배려해 주던 속 깊은 우리 둘째, 부끄러워 말로는 잘 표현 못 해도 언제나 '누나가 제일'이라고 생각해 주는 막내, 내게 항상 힘이 되어주는 우리 가족에게 정말 고마움을 전합니다.

하루하루 살아갈 수 있는 버팀목이 되어준 나의 남자친구, 그가 아니었다면 나의 길은 더 외롭고 힘들었을 것입니다. 언제나 제 감정에 놀라지 않고, 나를 있는 그대로 사랑하며 지켜준 그의 사랑에 진심으로 감사드립니다. 또한, 나를 세심히 챙기며 늘 곁에 있어준 베프에게도 고마운 마음을 전합니다.

저를 치유하는 것 이상으로, 제가 살아가는 하루하루를 세심하게 들여다봐 주셨던 병원 선생님, 언제나 제 이야기에 깊이 공감하시며 감정을 나누어 주신 센터 선생님, 제 하루를 체크하시며 제 노래도 함께 만들어 주셨던 피아노 선생님, 저의 아픔에 깊이 공감해 주시며 저를 살뜰히 챙겨주셨던 피티 선생님, 게르마늄 찜질방을 오픈해 주셔서 제게 따뜻한 시간을 선사해 주셨던 사장님, 가장 힘든 순간을 음악으로 감싸준 스위트피 친구들에게도 진심으로 감사드립니다. 또한, 저를 모르시는데도 선뜻 손을 내밀어 주신 한 분께도 깊이 감사드립니다. 당신의 음악은 제게 깊은 치유가 되었고, 당신의 따뜻한 응원 한마디는 다시 일어설 용기가 되었습니다.

그리고 무엇보다도 그날 그 사고에서 기적처럼 저를 살려주신 성가대 대장님, 대장님이 없었다면 지금의 제가 있을 수 없었을 것입니다. 그날 빠르게 저를 찾아와 주셔서, 제 삶에 다시 한번 기회를 주셔서 정말 감사합니다. 대장님의 빠른 대처 덕분에 저는 다시 세상에 서 있을 수 있었습니다. 진심으로 감사드립니다.

이 모든 분들이 있었기에 지금의 저는 여기 있습니다. 그들의 사랑과 헌신이 없었다면, 오늘의 이 글도 존재할 수 없었을 것입니다. 모든 이들에게 마음 깊이 감사드리며, 이 글을 통해 그들의 사랑이 세상에 닿기를 바랍니다.